Wie lehre ich die Bibel, damit Menschen Gott begegnen?

Andrew Page

VTR

Bibliographische Information der Deutschen Nationalbibliothek
Die Deutsche Nationalbibliothek verzeichnet diese Publikation in der
Deutschen Nationalbibliographie; detaillierte bibliographische Daten sind
im Internet über http://dnb.d-nb.de abrufbar.

ISBN 978-3-95776-038-8

VTR, Gogolstr. 33, 90475 Nürnberg, Deutschland
info@vtr-online.com, http://www.vtr-online.com

© Andrew Page, 2015

Alle Bibelzitate und Stellenangaben sind, sofern nicht anders angegeben,
der Lutherbibel, revidierter Text 1984, durchgesehene Ausgabe,
© 1999 Deutsche Bibelgesellschaft, Stuttgart, entnommen.

Übersetzung aus dem Englischen: Dr. Christian Bensel
Umschlagsgestaltung: Chris Allcock

Inhalt

Dank 4
Einleitung: Wie lehrt man die Bibel? 5
Teil Eins: Ein Vorbild 11
Teil Zwei: Eine Methode 14
      Schritt Eins: Den Abschnitt im Zusammenhang studieren 16
      Schritt Zwei: Eine Überschriften-Struktur finden 26
      Schritt Drei: Fleisch und Blut hinzufügen 38
Teil Drei: Ein Mentor 50
Schluss: Wie hilft man Menschen, Gott zu begegnen? 58

Dank

Ich danke Gott für alle, die in meinen Workshops in verschiedenen Ländern mit dem vorliegenden Material gearbeitet haben.

Ich bin Chris Allcock für seine Gestaltung des Umschlags und besonders Thomas Mayer für seinen Mut, das Buch herauszugeben, dankbar.

Ich danke dem Herrn, dass Christian Bensel das Buch übersetzt hat. Ich freue mich sehr, dass ein guter Freund, dem Bibellehre ein so großes Anliegen ist, diese Arbeit getan hat, und dass das alles im Zusammenhang mit Langham Österreich geschehen ist.

Dieses Buch widme ich allen, die sich danach sehnen, dass der Heilige Geist die Bibel mehr und mehr dazu verwendet, dass Menschen Gott begegnen. Ich bete, dass er durch dieses Buch Viele ausrüstet, die Bibel zu lehren. Gott sei die Ehre!

Andrew Page
www.wielehreichdiebibel.org

Einleitung

Wie lehrt man die Bibel?

Die Bibel ist das Wort Gottes. Wenn Gläubige und Kirchengemeinden das Wort Gottes links liegen lassen, werden sie nicht wachsen und sie werden ihre Beziehung zu Jesus nicht genießen.

Im Folgenden stelle ich einige grundlegende Fragen zur Wichtigkeit von Bibellehre. Meine Antworten überzeugen Dich hoffentlich, dass dieses Buch es wert ist, gelesen zu werden und durchzuarbeiten.

1. Warum ist Bibellehren manchmal schwierig?

Ich denke da an verschiedene Gründe.

a. Die Bibel zu lehren ist ein geistlicher Kampf

Wenn Du die Evangelien durchliest, siehst Du, wie oft die Mächte des Bösen Jesus beim Lehren des Wortes Gottes unterbrachen.

Der Apostel Paulus erlebte dasselbe.

Kein Wunder, dass wir manchmal so einen Kampf erleben, wenn wir uns vorbereiten oder die Bibel lehren.

b. Manche Bibelabschnitte sind schwieriger als andere

Wenn es um einen Teil der Bibel geht, den Du noch nie studiert hast, wirst Du ihn natürlich schwieriger finden.

Viele finden es herausfordernder, über einen Abschnitt aus der Offenbarung zu lehren als über einen aus dem Markusevangelium.

c. Manche Gläubige mit der Gabe der Lehre haben ihre Gabe nie trainiert oder geschult

Der Heilige Geist hat Dir vielleicht diese spezielle Geistesgabe gegeben, aber das bedeutet nicht, dass Du automatisch ein toller Bibellehrer oder eine großartige Bibellehrerin bist.

Wir brauchen Ausbildung und Training.

Wenn Du Bibellehre schwer findest, bedeutet das nicht unbedingt, dass Du die Gabe nicht hast. Vielleicht hat Dir einfach nie jemand mit den Grundlagen geholfen.

Genau das ist das Ziel dieses Buches.

d. Die meisten Christen haben die Gabe der Lehre nicht

Wenn der Heilige Geist Dir nach Deiner Hinwendung zu Jesus andere Gaben gegeben hat, aber nicht diese, dann wirst Du Bibellehre immer schwer finden.

Und das bedeutet, dass Du Gott in anderen Bereichen dienen solltest, die zu den Gaben passen, die er Dir gegeben *hat*.

Wenn Du herausfinden möchtest, ob Du die Gabe der Lehre hast, dann ist dieses Buch ein guter Anfang.

2. Warum habe ich also dieses Buch geschrieben?

Ich bin überzeugt, dass wir etwas leicht finden, wenn wir dafür begabt sind. Frag einfach eine Radrennfahrerin, ob Radfahren für sie schwer ist.

Sie wird Dir sicher sagen, dass das Training manchmal extrem hart ist oder dass Enttäuschungen lähmend sein können. Aber sie wird lachen über den Gedanken, dass das Radfahren selbst schwer sein könnte.

So ist es auch mit Bibellehren. Wenn der Heilige Geist Dir die geistliche Gabe der Lehre gegeben hat, werden natürlich Kämpfe und harte Arbeit auf Dich warten. Aber das Bibellehren wird nicht schwer sein.

Ich habe das Buch erstens geschrieben um eine praktische Anleitung für Gläubige zu geben, die Gelegenheiten haben, die Bibel zu lehren.

Zweitens habe ich das Gefühl, dass in manchen Teilen der Gemeinde Jesu Bibellehre ein geheimnisvolles Image hat, so als wären Prediger Gott näher als wir anderen.

Das ist nicht wahr. Bibellehre ist unglaublich wichtig für die Gemeinde – sie kann ein übernatürliches Ereignis sein. Aber Menschen, die die Bibel lehren, sind Gott nicht näher als sonst jemand.

Und drittens bin ich überzeugt: Lehre, die die Bibel ernst nimmt und für den Heiligen Geist offen ist, führt eher dazu, Gott zu begegnen.

3. Predigen und Lehren – was ist der Unterschied?

Christen beantworten diese Frage unterschiedlich und ich behaupte nicht, dass meine Antwort die einzig richtige ist.

Manche sagen: Lehren ist die Weitergabe von biblischen Inhalten, Predigen bedeutet, dass es zusätzlich mit Feuer und Anwendung geschieht.

Ich denke nicht, dass diese Unterscheidung biblisch ist.

In den Aufzählungen von geistlichen Gaben im Neuen Testament findest Du nicht zwei Gaben (Predigen und Lehren) sondern eine: Lehren (Römer 12,7; 1. Korinther 12,28; Epheser 4,11 und 1. Petrus 4,11).

Ich mache deswegen in diesem Buch keinen Unterschied zwischen Predigen und Lehren.

Vielleicht siehst Du das anders; wichtig ist nur, dass Du weißt, wie ich die Wörter verwende.

4. Predigen und Lehren – was ist das?

Mir ist bewusst, dass es verschiedene Arten gibt, die Bibel zu lehren. In diesem Buch konzentriere ich mich auf eine bestimmte Art der Predigt: das Lehren eines Bibelabschnittes.

Natürlich hat die Themenpredigt eine Berechtigung. In diesem Fall wird das Thema angekündigt, etwa „Gebet". Dann spricht man über Gebet, indem man Verse und Abschnitte aus der Bibel verwendet.

Die Gefahr dabei ist, dass die Zuhörer und Zuhörerinnen die Kunstfertigkeit und Gewandtheit des Predigers bewundern.

Einen Bibelabschnitt zu lehren scheint mir viel kraftvoller, besonders wenn alle den Text vor sich haben, in einer Bibel oder als Projektion an der Wand.

Bitte missverstehe mich nicht. Ich schließe Themenpredigten nicht grundsätzlich aus. Ich sage nur, dass besondere Kraft darin liegt, einen Textabschnitt zu lehren.

Ich habe dieses Buch geschrieben, weil es viele Gemeinden gibt, in denen dieser Zugang zu Bibellehre kaum praktiziert wird und weil ich mich danach sehne, dass die Bibel immer mehr auf diese Art gelehrt wird.

5. Für wen ist dieses Buch gedacht?

Wie lehre ich die Bibel, damit Menschen Gott begegnen? wurde für drei Gruppen geschrieben:

Erstens, für Gläubige, die herausfinden wollen, ob sie die Gabe der Lehre haben.

Zweitens, für Gläubige mit der Gabe der Lehre, die in ihrem Dienst wachsen möchten.

Drittens, für Gläubige mit der Gabe der Lehre, die anderen beibringen wollen, die Bibel zu lehren.

Wenn Du zu einer dieser Gruppen gehörst, ist dieses Buch für Dich.

6. Wie benutzt man das Buch sinnvoll?

a. Einzeln oder mit anderen

Wie lehre ich die Bibel, damit Menschen Gott begegnen? ist als praktischer Kurs angelegt, ganz unverhohlen als Gebrauchsanweisung.

Vielleicht arbeitest Du es allein durch. Oder Du arbeitest es zu zweit oder als Gruppe durch. Vielleicht sind die anderen im Bibellehren ähnlich erfahren wie Du, oder sie sind viel erfahrener.

Du entscheidest.

Aber ich möchte Dir nahelegen, Dich regelmäßig mit mindestens einer anderen Person zu treffen, während Du das Buch durcharbeitest.

b. Nicht nur lesen, auch die Hausaufgaben machen

Das Wort „Hausaufgaben" hat Dich vielleicht schon ganz abgeschreckt!

Aber es ist wichtig. Wenn Du das Buch nur liest, wird es Dir nur wenig helfen. Um eine Fähigkeit zu entwickeln brauchen wir Übung.

Beim Durchblättern wirst Du weiße und graue Kästchen entdecken. Die weißen sind einfach zum Durchlesen, aber die grauen stehen unter der Überschrift „Tu was".

Ich hoffe, Du nimmst Dir Zeit und arbeitest an den Vorschlägen in den grauen Kästchen, entweder allein oder mit anderen.

Ich möchte Dir beweisen, wie ernst es mir damit ist.

Wenn Du Dich dazu entscheidest, die Hausaufgaben zu machen, wirst Du natürlich gerne wissen, was ich vorschlage oder antworte. Aber ich habe das bewusst nicht in einen Anhang dieses Buches geschrieben.

Wenn ich so ein Buch lesen würde und die Vorschläge des Autors wären in einem Anhang, würde ich mir wahrscheinlich die Arbeit nicht antun sondern gleich immer am Ende nachschauen.

Ich hoffe, dass Du weniger versucht bist, faul zu sein, wenn ich meine Antworten und Vorschläge auf www.wielehreichdiebibel.org schreibe!

c. Mit viel Gebet

Die Gefahr bei einem praktischen Buch über Bibellehre ist, dass Du am Ende denkst: „Jetzt kann ich das – ich habe das Buch durchgearbeitet!"

Das bringt uns zurück zum Thema geistlicher Kampf.

Wenn wir der Kraft des Heiligen Geistes nicht vertrauen und Gott nicht bitten, uns auszurüsten und zu verändern, ist es sinnlos, dieses Buch zu lesen.

Ich bete, dass Gott in Dir wirkt, nachdem Du ihn gebeten hast, Dich so auszurüsten, dass Du die Bibel lehren kannst und Menschen dadurch ihm begegnen.

Ich hoffe, dass Du weiterliest.

Ich bin überzeugt, dass wir die folgenden Komponenten brauchen um als Bibellehrer zu wachsen: ein Vorbild, eine Methode und einen Mentor.

Diese drei Komponenten werden wir in den drei Teilen des Buches erforschen.

Viel Vergnügen!

Teil Eins

Ein Vorbild

Wir brauchen ein Vorbild.

Lernen geschieht fast nie im luftleeren Raum. Am besten lernt man, wenn man Menschen dabei zusieht, wie sie etwas tun, worin sie wirklich gut sind und es dann nachahmt. Als Sechzehnjähriger sah ich einmal meinem Vater zu, wie er ein Zimmer tapezierte. Dann versuchte ich es selbst. Und es hat funktioniert.

Das ist ein biblisches Prinzip. Paulus sagte den Christen in Korinth: „Folgt meinem Beispiel wie ich dem Beispiel Christi" (1. Korinther 11,1). Ähnlich war es zwischen Jesus und seinem Vater während seines öffentlichen Wirkens: „Der Sohn kann nichts von sich aus tun, sondern nur, was er den Vater tun sieht; denn was dieser tut, das tut gleicherweise auch der Sohn" (Johannes 5,19).

1. Was wir brauchen

Wir brauchen also Vorbilder im Predigen. Sicher fallen Dir ein oder zwei Bibellehrer ein, die auf verschiedene Arten Vorbilder für Dich sind.

Wähle aber kein Vorbild wegen eleganten Hemden und lustigen Witzen oder jemanden, der laufend neue Erklärungen für Bibelstellen bringt, die noch niemandem in zweitausend Jahren Kirchengeschichte eingefallen sind.

Suche lieber nach einer Person, die Gott liebt, verantwortungsbewusst und begeistert mit der Bibel umgeht und die Menschen durch die Predigt hilft, Gott zu begegnen.

Vielleicht liest Du den letzten Absatz noch einmal. Fällt Dir jemand ein?

2. Was ich erlebt habe

Meine eigenen Vorbilder im Predigen, besonders am Anfang, waren John Stott und David Jackman.

Als Student habe ich John Stott zum ersten Mal predigen gehört. Jahrzehntelang predigte er die Bibel in der All Souls Kirche am Langham Place in London und er lehrte auch bei vielen Konferenzen. Als ich ihn zum ersten Mal gehört habe sind mir zwei Gedanken gekommen. Zuerst: „Das ist nicht besonders schlau – alles was er sagt steht in der Bibelstelle, die wir anschauen." Und dann: „Aber warum hab ich das nicht schon früher gesehen?" Der Heilige Geist ließ die Bibel für mich lebendig werden; ich begegnete Gott.

Also nutzte ich bald jede Gelegenheit, um John Stott predigen zu hören – und auch seine Bücher über die Bibel zu lesen.

Mein zweites Vorbild im Predigen war David Jackman. Als er Pastor der Above Bar Church in Southampton wurde, war ich drei Jahre lang sein Assistent. Ich glaube, dass ich damals über 200 Predigten von ihm gehört habe. Besonders beeindruckt haben mich seine große Treue zur Bibel und wie außerordentlich klar er sie erklärte und anwendete. Ich erlebte Bibellehre als übernatürliches Ereignis.

Und da hab ich einen Fehler gemacht. Ich versuchte, ein zweiter David Jackman zu werden. Erstaunlicherweise hat das nicht geklappt.

Ich denke, dass der Herr ein Jahr brauchte um mir klar zu machen, dass er zwei David Jackmans gemacht hätte, wenn er zwei gewollt hätte. Aber in seiner Weisheit und seinem Humor hat er einen David Jackman gemacht (das war seine Weisheit) und einen Andrew Page (das war sein Humor).

Das bedeutet nicht, dass ich alles über Bord warf, was ich von Davids Predigen gelernt hatte. Stattdessen fing ich an zu fragen: „Was habe ich von David gelernt, mit dem ich nie aufhören werde?" – und dann versuchte ich diese Dinge umzusetzen, aber in meiner Art und ohne mich zu verstellen. Und das hat geklappt. Gott verwendete Davids Vorbild um mich zu lehren, wie man die Bibel lehrt.

3. Was Du suchst

Wenn Dir kein vorbildlicher Bibellehrer einfällt, ist es Zeit zu beten und Gott um Hilfe zu bitten. Bitte auch Freunde und Freundinnen um Rat, welche Bücher und Internetseiten gut sind. Aber wähle kein Vorbild nur weil andere begeistert sind. Es muss jemand sein, dessen Bibellehre Gott in deinem eigenen Leben verwendet.

Aber ich vermute, dass die meisten, die das lesen, nicht lange nach einem Vorbild suchen müssen. Du denkst wahrscheinlich schon an jemanden. Ein Mensch, den Gott verwendet, um die Bibel für Dich lebendig zu machen, sodass ein übernatürliches Ereignis geschieht.

Manchmal wirst Du diese Erfahrung so beschreiben, dass der Heilige Geist Gottes Wort in Dein Herz spricht. Manchmal freust Du Dich riesig, wenn Du bemerkst, dass Dein Schöpfer persönlich durch sein Wort mit Dir spricht. Manchmal wird der Heilige Geist die Bibel verwenden um Dir Deine Sünde bewusst zu machen, Dich zur Abkehr vom Bösen und zur tieferen Nachfolge Jesu zu rufen. Und manchmal wirst Du staunen über den Tod und die Auferstehung von Jesus, gefolgt von einer neuen Entschlossenheit, ihn anzubeten und zu seiner Ehre zu leben.

Aber es wird immer eine Begegnung mit Gott sein.

Tu was (1)

1. Wenn Dir niemand als Vorbild im Predigen eingefallen ist, bitte Gott darum, Dich mit einem Vorbild im Bibellehren in Kontakt zu bringen.

2. Wenn Du aber an ein oder zwei Vorbilder denkst, dann danke Gott für sie. Und danke Gott für das, was er durch sie in Deinem Leben getan hat.

3. Was ist es ganz konkret, was Du an ihrer Art, die Bibel zu lehren, besonders wertvoll findest? Bitte Gott darum, diese Eigenschaften in Deinem Leben zu stärken – und in Deiner Bibellehre.

Teil Zwei

Eine Methode

Manche Bücher über Bibellehre weigern sich, eine Methode zu lehren. Stattdessen reicht es ihnen, grundlegende Prinzipien zu vermitteln: Sei dem Bibelabschnitt treu, Klarheit ist wichtig, Anwendung ist von höchster Bedeutung.

Aber für die meisten von uns ist das nicht genug.

Stell Dir vor, Du hättest mich gebeten, Dir Schwimmen beizubringen. Ich *könnte* entscheiden, Dich grundlegende Prinzipien zu lehren: Nicht unter Wasser atmen, Arme und Beine bewegen, nicht ins Tiefe schwimmen.

Damit wirst Du nicht weit kommen. Ich muss Dir schon eine Schwimmmethode zeigen – damit meine ich Schritte, oder eher Bewegungsabfolgen, die Du hintereinander machen kannst. Wenn Du dann schwimmen kannst, ist es natürlich möglich, dass Du entscheidest, einige Dinge anders zu machen als ich Dir in meiner Methode gezeigt habe. Das ist in Ordnung. Aber eine Methode ist beim Schwimmen lernen notwendig.

Mit dem Predigen ist es dasselbe.

Aber noch etwas muss gesagt werden. Die Bücher über Predigen, die doch eine Methode lehren, sind manchmal etwas kompliziert. Ich habe einmal ein Buch gesehen, das in Vielem ausgezeichnet war, das mir aber 38 Schritte auf dem Weg zur fertigen Predigt zeigte.

Wenn ich nur daran denke, schaltet sich mein Gehirn aus.

Eine Methode ist nicht nur notwendig, sie muss auch einfach sein. Denk wieder ans Schwimmen. Sobald Du es gelernt hast, gibt es genügend Techniken für den Feinschliff, die Du übernehmen kannst. Aber versuche, diese Verfeinerungen in die grundlegende Methode zu packen und die Leute werden davon laufen. Die grundlegende Methode muss genau das sein: grundlegend.

Mit dem Predigen ist es dasselbe.

Daher biete ich Dir in diesem Buch eine Methode, die aus drei Schritten besteht. Wenn Du Material darüber suchst, wie man Gleichnisse anders lehrt als Erzählungen oder Gedichte, wirst Du es hier nicht finden. Das liegt einerseits daran, dass ich diese Methode einfach halten möchte.

Aber es gibt noch einen Grund.

Mein Eindruck ist, dass die meisten Menschen mit der geistlichen Gabe der Lehre instinktiv wissen, dass man ein Gleichnis nicht auf die gleiche Art wie einen Heilungsbericht lehrt. Der Heilige Geist, der ihnen die Gabe gegeben hat, hilft ihnen zu erkennen, dass diese Gabe bei verschiedenen Teilen der Bibel unterschiedlich angewandt wird.

Natürlich haben wir alle blinde Flecken. Aber wenn jemand ein Gleichnis so predigt, als wäre es ein Abschnitt aus dem Brief von Paulus an die Kolosser, kann ein guter Freund oder eine gute Freundin oft helfen, entweder durch freundliche Erklärung des Problems oder durch einen Hinweis auf ein Kapitel über das Thema in einem Buch über Predigen. Deswegen ist Teil Drei in diesem Buch so wichtig.

Eine Methode ist also notwendig und sie muss einfach sein. Ich hoffe, dass Du diese drei Schritte selbst ausprobierst.

Schritt Eins:
Den Abschnitt im Zusammenhang studieren

Hier müssen wir anfangen. Das ist zwar offensichtlich aber trotzdem so wichtig: Wenn wir einen Bibelabschnitt lehren, müssen wir rausfinden, was der Abschnitt bedeutet.

Als ich noch in Österreich lebte, wurde ich einmal sonntags zum Predigen eingeladen. Die Gemeinde hatte erst vor kurzem eine Predigtreihe über den Hebräerbrief begonnen und mir den Abschnitt Hebräer 3,1-6 zugeteilt – keine Stelle, die ich mir je selbst ausgesucht hätte.

Vier Fragen helfen mir, eine Bibelstelle zu studieren. Ich werde Dir zeigen, wie ich sie bei Hebräer 3,1-6 verwendet habe und Dich dann bitten, dasselbe mit einer anderen Bibelstelle zu tun. Zuerst ist mir aber besonders wichtig, dass ich beim Studieren der Stelle den Heiligen Geist bitte, mir Weisheit und Einsicht zu geben.

> 1 Darum, ihr heiligen Brüder, die ihr teilhabt an der himmlischen Berufung, schaut auf den Apostel und Hohenpriester, den wir bekennen, Jesus, 2 der da treu ist dem, der ihn gemacht hat, wie auch Mose in Gottes ganzem Hause. 3 Er ist aber größerer Ehre wert als Mose, so wie der Erbauer des Hauses größere Ehre hat als das Haus. 4 Denn jedes Haus wird von jemandem erbaut; der aber alles erbaut hat, das ist Gott. 5 Und Mose zwar war treu in Gottes ganzem Hause als Knecht, zum Zeugnis für das, was später gesagt werden sollte, 6 Christus aber war treu als Sohn über Gottes Haus. Sein Haus sind wir, wenn wir das Vertrauen und den Ruhm der Hoffnung festhalten.
>
> Hebräerbrief 3,1-6

F1. Was war die ursprüngliche Bedeutung?

a. Warum hat der Autor dieses Buch geschrieben?

Wenn Du mir eine E-Mail schickst, lese ich sie einfach durch und finde so heraus, warum Du mir das geschrieben hast. Ich hole mir also keinen Kommentar und auch kein Bibellexikon. Ich lese den ganzen Hebräerbrief durch. Und so wird mir klar: Die ersten Leserinnen und Leser waren verfolgte Judenchristen. Sie standen unter Druck und Verfolgung; sie

Teil Zwei: Eine Methode 17

waren versucht, Jesus und den Glauben loszulassen und ins Judentum zurückzufallen.

Ein Grund, warum der Autor das Buch geschrieben hat, ist natürlich, dass der Heilige Geist ihn inspirierte. Aber die menschlichen Autoren der Bibel waren keine Maschinen. Während sie vom Geist zum Schreiben bewegt wurden, wussten sie, *warum* sie schrieben.

Ziemlich oft finden sich Informationen am Anfang oder am Ende eines biblischen Buches, die zeigen, warum der Autor es geschrieben hat. Die Hinweise im Hebräerbrief sind am Anfang und am Ende da. Sehr früh wird vor Abfall vom Glauben gewarnt (2,1-3) und die ersten Verse legen nahe, wie enorm wichtig es ist, zu erkennen, wie wunderbar Jesus ist (1,1-3). Daher ist es nicht schwer, darauf zu kommen, warum das „Wort der Ermahnung" (13,22) so wichtig für die Leser und Leserinnen war.

Diese Entdeckung könnte ich durch einen Blick in einen Kommentar bestätigen. Sie bedeutet auch, dass ich an Hebräer 3,1-6 im Zusammenhang herangehe. Ohne den Zusammenhang werden wir die echte Bedeutung nie finden.

> Ein Erzbischof wollte eine Vortragsreise durch die USA machen. Seine Freunde rieten ihm, bei Pressekonferenzen äußerst vorsichtig zu sein, weil die Presse ihm Fallen stellen würde. Bei der Ankunft gab es die erste Pressekonferenz. Der erste Journalist fragte, ob er in New York auch einige Nachtklubs besuchen würde. Der Erzbischof merkt, dass er sehr vorsichtig sein muss. Also lächelt er und fragt: *„Gibt* es in New York auch Nachtklubs?" Am nächsten Tag lautet die Schlagzeile: „Erste Frage des Erzbischofs: Gibt es in New York auch Nachtklubs?"

Diese Geschichte zeigt, wie wichtig der Zusammenhang ist.

b. Warum hat der Autor diese Verse geschrieben?

Oder anders gesagt: Wie passen sie in das ganze Buch?

Im Fall von Hebräer 3,1-6 ist das ziemlich klar. Der Autor vergleicht verschiedene Aspekte der jüdischen Religion mit Jesus und dem Evangelium. Im Kapitel 3 kommt er zu Mose, einem der größten Helden des jüdischen Glaubens. Die Verse 1-6 sind im Grunde ein Vergleich zwischen Mose und Jesus.

c. Was bedeuten die einzelnen Wörter?

An diesem Punkt ist es wichtig, sehr viele Fragen zu stellen. Dabei sollte uns klar sein, dass die Antworten nicht in einem deutschen Wörterbuch stehen. Das Klischee stimmt: Bibelwörter haben Bibelbedeutungen.

Und denk daran, dass zwei Autoren ein Wort unterschiedlich verwenden können.

Fangen wir mit Hebräer 3,1 an:

⇨ Was bedeutet „Brüder"? (Einige Übersetzungen haben hier – zu Recht, meine ich – „Geschwister" oder „Brüder und Schwestern".)

⇨ Was ist mit „heilig"? Inwiefern sind Christen heilig? (Nicht „vollkommen" sondern „abgesondert".)

⇨ Was bedeutet es, dass Jesus unser „Apostel" ist? („Apostel" bedeutet wörtlich „Gesandter" und wir meinen damit gewöhnlich die zwölf Apostel, die Jesus ausgesandt hat. Aber dieser Autor verwendet das Wort nur für Jesus, weil er der Gesandte schlechthin ist, der von Gott dem Vater in die Welt gesandt wurde.)

⇨ In welcher Hinsicht ist Jesus unser Hohepriester? (Im Alten Testament brachte der Hohepriester Opfer für die Sünden des Volkes dar, damit ihnen vergeben werden konnte. Jesus hat das ultimative Opfer gebracht – sein eigenes Leben am Kreuz – damit alle, die ihm vertrauen, mit Gott versöhnt werden.)

Und dasselbe mache ich mit Wörtern und Ausdrücken in der ganzen Stelle. Falls nötig, schaue ich dazu in einen Kommentar, aber ich fange zuerst selbst einfach mit Gebet und Nachdenken über die Bedeutung an.

An der Stelle frage ich auch, warum der Autor diese speziellen Wörter kombiniert. Warum lesen wir in Hebräer 3,1, dass Jesus Apostel und Hohepriester ist? Warum nicht „Herr und Retter" oder „Hirte und Freund"?

Hier ist meine Antwort: Als Apostel bringt Jesus Gott zu uns, als Hohepriester bringt er uns zu Gott. Jeder Mensch braucht Offenbarung und Versöhnung: Als Apostel bringt uns Jesus Offenbarung und als Hohepriester bringt er uns Versöhnung. Die Kombination ist fantastisch: Allein diesen Absatz zu schreiben hat mich schon zum Anbeten gebracht!

d. Die einzelnen Bäume und der ganze Wald

Hier gibt es nichts Neues zu tun. Dieses Bild erinnert uns einfach an die Wichtigkeit von Zusammenhang in der Stelle selbst. Die einzelnen Bäume sind die Wörter und Ausdrücke, der Wald ist der ganze Abschnitt.

Die einzelnen Bäume helfen, die Botschaft des Abschnitts zu begreifen.

Tu was (2)

Du hast die Methode bis hierher in Hebräer 3,1-6 gesehen. Bitte versuche es jetzt selbst mit einem anderen Abschnitt: Johannes 13,1-17.

Lies die Stelle und bitte um Gottes Hilfe. Dann hol Papier oder Laptop und schreib Deine Antworten auf.

F1. Was war die ursprüngliche Bedeutung?

a. Warum hat der Autor dieses Buch geschrieben?

b. Warum hat er diese Verse geschrieben?

c. Was bedeuten die einzelnen Wörter? Denk noch nicht über die Bedeutung nach, mach einfach eine Liste von acht oder mehr Wörtern und Ausdrücken in der Stelle, über die Du nachdenken müsstest.

d. Die einzelnen Bäume und der ganze Wald. Mach Dir jetzt noch keine Sorgen darüber, behalte es einfach im Hinterkopf.

Wenn Du Deine Antworten auf die drei Fragen aufgeschrieben hast, findest Du meine Antworten auf www.wielehreichdiebibel.org.

F2. Was ist die allgemeine Bedeutung?

Welche Lehren und Prinzipien in diesem Text sind in jeder Kultur und in jedem Jahrhundert wahr?

Nur damit es klar ist: Die Bedeutung eines Bibeltextes ändert sich nicht. Allerdings wurzelt die ursprüngliche Bedeutung immer in der speziellen geschichtlichen Situation, und das kann heute sehr anders sein als die Situation, in der ich diesen Abschnitt lehre.

Wie wir gesehen haben, richtet sich der Hebräerbrief an Judenchristen. Was, wenn ich Hebräer 3,1-6 dort lehre, wo keine jüdischen Menschen leben? Wenn ich sage, „Das ist eine tolle Ermutigung für Judenchristen", werden viele denken: „Ja, aber was hat das mit mir zu tun?"

Also stelle ich mit der Frage „Was ist die allgemeine Bedeutung?" folgende Frage: Welche Lehren und Prinzipien in diesem Text sind in jeder Kultur und in jedem Jahrhundert wahr?

Denken wir kurz über ein Beispiel nach. 1. Korinther 16,20b lautet: „Grüßt euch untereinander mit dem heiligen Kuss." Ich nehme an, dass Paulus das wörtlich gemeint hat.

Aber jede Kultur ist anders. Es wird nicht immer passend sein, dass alle Gläubigen sich gegenseitig küssen. Der Kuss ist einfach ein spezieller Ausdruck für ein allgemeines Prinzip: Christinnen und Christen zeigen Liebe, indem sie sich gegenseitig heilig begrüßen.

Das meine ich mit allgemeiner Bedeutung: Lehren und Prinzipien in Bibelabschnitten, die in jeder Kultur und jedem Jahrhundert wahr sind.

Wie sieht das in Hebräer 3,1-6 aus? Wir haben gesehen, dass die ersten Leser unter Druck waren und in der Versuchung standen, von Jesus und dem Evangelium abzukommen. Diese Verse sagen uns, was wir tun können, damit wir uns nicht entfernen, sondern immer begeisterter Jesus nachfolgen. Zum Beispiel können wir auf Jesus schauen (Vers 1).

Das ist für jeden Christen und für jede Christin in jeder Kultur und jedem Jahrhundert wahr. Das gehört zur allgemeinen Bedeutung des Textes.

Tu was (3)

Schlag bitte wieder Johannes 13,1-17 auf. Bete und schreibe bitte deine Antworten auf.

F2. Was ist die allgemeine Bedeutung?

Welche Lehren und Prinzipien in diesem Text sind in jeder Kultur und jedem Jahrhundert wahr?

Wenn Du einige Antworten auf diese Frage aufgeschrieben hast, findest Du meine Antworten auf www.wielehreichdiebibel.org.

F3. Was ist die Anwendung für uns heute?

Bedeutung und Anwendung sind zwei Paar Schuhe!

Viele Bibellehrer schaffen es nicht, zur Anwendung zu kommen, weil sie davon ausgehen, dass Bedeutung und Anwendung dasselbe sind.

Das ist ein Fehler.

Bedeutung sind allgemeine Prinzipien, Anwendung sind praktische Beispiele.

In einer Predigt über 1. Johannesbrief, Kapitel 4, ging es darum, wie wichtig es ist, dass Christen sich lieben. Der Prediger hat immer wieder gesagt: „Wir sollten einander lieben." Er hat Recht gehabt: Das ist Teil der allgemeinen Bedeutung dieser Bibelstelle.

Aber ich wäre fast aufgestanden und hätte gerufen: „Sag uns *wie!*" Das Prinzip war klar, aber es gab keine praktischen Beispiele dafür, was dieses Prinzip im Alltag bedeuten könnte.

Weil ich auch ein Bibellehrer bin, weiß ich, dass ich diesen Fehler oft selbst gemacht habe.

Immer wenn der Prediger uns erzählte, dass wir einander lieben sollten, waren alle einverstanden. Ganz eindeutig lehrt diese Stelle genau das. Wenn wir abgestimmt hätten, hätte es 100% Zustimmung gegeben.

Es ist gefährlich, an diesem Punkt aufzuhören.

Deswegen ist Anwendung so wichtig. Wir brauchen praktische Beispiele für das allgemeine Prinzip.

Das heißt nicht, dass jedes praktische Beispiel für jede Person relevant sein wird. Aber alle werden mit einigen der vorgeschlagenen Anwendungen etwas anfangen können. Und dann wird noch etwas passieren.

Wenn ich eine Predigt höre, reagiere ich oft so auf eine konkrete Anwendung: „Das ist für mich nicht relevant. Aber warte mal – bei mir würde das doch Folgendes heißen ..." – und sofort ist mir klar, wie ich reagieren sollte.

Hier ist Gottes Geist am Werk: Er hilft mir zu verstehen, was er von mir will. Auch so erleben wir die Predigt als übernatürliches Ereignis.

Aber wenn der Bibellehrer nie von der Bedeutung zur Anwendung kommt, passiert das vielleicht nicht. Natürlich kann der Heilige Geist immer noch zu uns sprechen. Aber es ist dann unwahrscheinlicher, dass die Zuhörer auf Gottes Reden reagieren.

Denk wieder an Hebräer 3. Vers 1 enthält ein allgemeines Prinzip – Christen sollten ihre Augen auf Jesus richten. Wenn ich das sage, werde ich allgemeine Zustimmung ernten. Für gläubige Männer und Frauen ist das eine Selbstverständlichkeit.

Aber was bedeutet das im praktischen Leben? Ich muss schon ein paar praktische Beispiele dafür geben.

Also, zum Beispiel: Es bedeutet, die Evangelien zu lesen, vielleicht einen Abschnitt daraus auswendig zu lernen, damit ich während des Tages darüber nachdenken kann und mich daran erinnere, Jesus dafür zu danken, dass er mein Apostel ist (er hat Gott zu mir gebracht) und dass er mein Hohepriester ist (er hat mich zu Gott gebracht). Fallen Dir noch mehr Beispiele ein?

Ich hoffe, Du siehst, wie wichtig Anwendung beim Bibellehren ist.

Tu was (4)

Schlag bitte wieder Johannes 13,1-17 auf.

F3. Was ist die Anwendung für uns heute?

Ein wesentlicher Bestandteil der allgemeinen Bedeutung dieses Abschnittes besteht darin, dass Christen einander dienen sollten – so wie Jesus seinen Jüngern die Füße gewaschen hat.

Aber denk daran: *Bedeutung sind allgemeine Prinzipien, Anwendung sind praktische Beispiele.*

Suche jetzt praktische Beispiele für das Prinzip. Wie könnte gegenseitiger Dienst im praktischen Leben aussehen?

- Stell Dir vor, Du lehrst Senioren. Welche Anwendungen fallen Dir ein?
- Stell Dir vor, Du lehrst Teenager. Welche praktischen Anwendungen könnten passen?

Wenn Du Deine Antworten aufgeschrieben hast, findest Du meine Vorschläge auf www.wielehreichdiebibel.org.

F4. Was ist der Hauptgedanke der Stelle?

Manchmal wird das auch „Hauptidee" genannt. Wir müssen uns merken, dass es einen Unterschied zwischen dem Hauptgedanken und dem Lieblingsgedanken gibt.

Aus mindestens drei Gründen ist der Hauptgedanke wichtig:

a. Der Hauptgedanke bestimmt den Inhalt der Predigt

Wenn der Heilige Geist sich die Mühe gemacht hat, den Autor dazu zu inspirieren, diese Stelle zu schreiben (und das hat er), dann möchte ich mit seiner Hilfe herausfinden, warum.

b. Fast Alle vergessen fast Alles von allen Bibelvorträgen

Du konntest heute nicht in die Kirche gehen, weil Du krank warst. Sobald Deine Mitbewohner heimkommen, fragst Du gleich, wie der Gottesdienst war und Du willst auch wissen: „Worum ging es in der Predigt?"

Unangenehme Stille, dann folgt die Antwort: „Gott". Hoffentlich ist das wahr, aber gehen wir davon aus, dass es noch mehr zu sagen gäbe!

Wenn Dir der Hauptgedanke der Bibelstelle klar ist, wird er auch deinen Zuhörerinnen und Zuhörern klar werden.

c. Die Suche nach dem Hauptgedanken hilft Dir zu prüfen, ob Deine Meinung zu Bedeutung und Anwendung der Stelle treu ist

Deswegen suchen manche in der Predigtvorbereitung zuerst den Hauptgedanken, bevor sie über die Bedeutung und Anwendung nachdenken. Ich stelle diese Frage lieber am Ende von Schritt Eins als am Anfang.

Aber mach es so, wie es für Dich am besten funktioniert. Wichtig ist, *dass* die Frage gestellt wird, nicht *wann* sie gestellt wird.

Was ist der Hauptgedanke in Hebräer 3,1-6? Schauen wir uns diese drei Möglichkeiten an. Sind alle gleich gut?

⇨ Jesus ist der Größte!

⇨ Die Aufgaben eines Hohenpriesters.

⇨ Christen werden dranbleiben, wenn sie wissen: Jesus ist der Größte.

Die zweite Möglichkeit können wir gleich ausscheiden. Die Aufgabe eines Hohenpriesters ist vielleicht mein Lieblingsgedanke in dieser Stelle, aber sie ist ganz eindeutig nicht der Hauptgedanke.

Die dritte Möglichkeit fasst die Botschaft dieser Verse meiner Meinung nach sehr gut zusammen. Die erste Möglichkeit ist die Kurzversion davon, aber vielleicht ist sie schon zu allgemein. Fast jede Stelle im Neuen Testament könnte so zusammengefasst werden!

Obwohl es nicht immer leicht ist, den Hauptgedanken zu erkennen, ist es wirklich wichtig, daran zu arbeiten. Der Hauptgedanke ist wichtig.

Tu was (5)

Schlag bitte wieder Johannes 13,1-17 auf und mach Dich bereit, Deine Antworten aufzuschreiben.

F4. Was ist der Hauptgedanke der Stelle?

Versuche, Johannes 13,1-17 in einem Satz zusammenzufassen.

Nachdem Du das getan hast, könntest Du den Satz abkürzen um daraus einen möglichen Titel für Deine Andacht oder Predigt zu machen.

Nachdem Du Deine Antworten aufgeschrieben hast, findest Du meine Vorschläge unter www.wielehreichdiebibel.org.

Diese vier Fragen sind Schritt Eins in der Vorbereitung:

Schritt Eins: Den Abschnitt im Zusammenhang studieren

F1. Was war die ursprüngliche Bedeutung?

F2. Was ist die allgemeine Bedeutung?

F3. Was ist die Anwendung für uns heute?

F4. Was ist der Hauptgedanke der Stelle?

Ich hoffe, dass Du Schritt Eins auch bei anderen Bibelstellen versuchst, selbst wenn Du keinen Bibelvortrag und keine Predigt vorbereitest.

Bevor wir zu Schritt Zwei weitergehen, noch eine Sache über diesen ersten Schritt.

Schritt Eins ist der wichtigste Schritt in der Vorbereitung. Wenn wir diesen Schritt vermasseln, werden wir alles vermasseln.

Deswegen braucht er Gebet und Übung.

Schritt Eins: Den Abschnitt im Zusammenhang studieren
Schritt Zwei:
Eine Überschriften-Struktur finden

Die folgenden Fragen klären, was damit gemeint ist.

F1. Was ist eine Überschriften-Struktur?

Damit meine ich eine Einteilung der Bibelstelle in zwei, drei oder vier Teile. Die Anzahl der Teile hängt davon ab, wie die Stelle geschrieben ist, und wie die Gedanken darin geordnet sind.

Es sollten nicht zu viele Teile sein. Ein englischer Pastor vor ein paar Jahrhunderten hat angeblich am Ende seiner Predigt einmal gesagt: „Und nun, sechsundfünfzigstens, ..." Wenn ich am Anfang der Predigt sage, dass ich 56 Punkte habe, würde das in der Gemeinde zumindest leichte Hysterie hervorrufen. Und wahrscheinlich Massenflucht.

Die meisten Bibeltexte lassen sich in zwei, drei oder vier Abschnitte einteilen.

Jeder Teil braucht eine Überschrift. Diese Überschriften haben zwei Merkmale.

Erstens muss jede Überschrift mit dem Inhalt ihres Abschnittes übereinstimmen. Und zweitens müssen die Überschriften so zusammenpassen, dass man sie sich leicht merken kann.

Ich erkläre das. Hier sind einige Überschriften, die ganz klar nicht zusammenpassen. Ich weiß nicht von welchem Abschnitt der Bibel dieser Bibelinput handelt, aber stell Dir vor, ich hätte die folgenden drei Punkte:

    a. Gott ist Liebe.

    b. Wenn wir die alttestamentliche Heilsgeschichte betrachten, sehen wir, dass es immer Gottes Absicht war, ein Volk für sich zu berufen, das ein Licht für alle Nationen sein würde.

    c. Wir sollten mehr beten.

Angenommen jede Überschrift ist dem Inhalt ihres Abschnitts treu. Aber kannst Du sehen, wie die Überschriften nicht zusammenpassen?

Teil Zwei: Eine Methode 27

Hier ist ein positives Beispiel.

Vor vierzig Jahren hab ich in unserer christlichen Studentengruppe an der Uni einen Bibelvortrag über den Barmherzigen Samariter gehört. Der Redner erklärte, dass das Gleichnis uns drei verschiedene Einstellungen zum Leben zeigt, die der Räuber, der Religiösen und des Samariters.

Er hat sie mit diesen Überschriften zusammengefasst:

    a. „Was dir gehört, gehört mir, wenn ich es kriegen kann."

    b. „Was mir gehört, gehört mir, wenn ich es behalten kann."

    c. „Was mir gehört, gehört dir, wenn du es annehmen kannst."

Siehst Du, wie die Überschriften zusammenpassen? Obwohl das schon so lange her ist, kann ich mich immer noch daran erinnern. Und ich vermute, dass Du sie jetzt auch nie mehr vergisst.

Eine Überschriften-Struktur ist also eine Einteilung der Bibelstelle, bei der jeder Teil seine eigene Überschrift bekommt. Die Überschriften sollten ihrem Abschnitt inhaltlich treu sein und sie sollten zusammenpassen.

F2. Welche Vorteile hat eine Überschriften-Struktur?

a. Sie hilft beim Zuhören

Stell Dir vor, Du entdeckst beim Zeitunglesen einen Artikel über ein Thema, das Dich brennend interessiert. Der Artikel ist sogar eine ganze Seite lang. Du willst ihn lesen. Aber wenn es im Text keine Absätze oder Abschnitte und auch keine Überschriften gibt, verschiebst Du die Lektüre wohl auf später.

Und vielleicht kommst Du nie dazu.

Deswegen kümmern sich Zeitungen um Absätze und Zwischenüberschriften. Manchmal haben diese Überschriften nicht viel mit dem folgenden Abschnitt zu tun, aber trotzdem ist so ein Artikel viel leichter zu lesen und er wird auch viel eher gelesen.

Genauso ist es mit jedem Bibelinput und jeder Predigt.

Wenn die Zuhörer und Zuhörerinnen gehört haben, dass es drei Punkte geben wird, können sie sich besser konzentrieren. Und wenn sie kurz aussteigen, weil jemand in der Nähe einen Hustenanfall hat oder etwas zu seinem Nachbarn sagt, fällt es ihnen leichter, wieder einzusteigen, weil sie wissen, bei welchem Punkt die Predigt angekommen ist.

Zusätzlich ist eine gute Überschriften-Struktur leichter zu merken. Alle in der Gemeinde können sich dann selbst eine Kurzversion der Predigt halten und so weiter über die Bibelstelle nachdenken. Kurz gesagt, die Menschen werden viel eher in ihrem Leben umsetzen, was Gott sagt.

b. Sie hilft beim Predigen

Mit zwanzig Jahren habe ich angefangen zu predigen. Ich habe vorher nie eine Schulung besucht, wie man eine Bibelstelle lehrt.

Ich habe also einfach die Bibelstelle gelesen und gebetet. Dann habe ich alles aufgeschrieben, alle Ideen und Gedanken, die Bedeutung der Wörter und Ausdrücke, Beispiele und Geschichten, gute Anwendungen von allem, was diese Bibelstelle lehrte.

Dann wusste ich nicht mehr weiter.

Mir war nicht klar, was ich als nächstes tun sollte. Eine A4-Seite war voller Ideen, Geschichten und Anwendungen – also im Grunde Schritt Eins der Methode, die ich in diesem Buch lehre.

Aber was jetzt?

Ich hatte keine Antwort. Also hab ich einfach mit dieser A4-Seite vor mir gepredigt. Du kannst Dir vorstellen, wie durcheinander alles war. Ich bin froh, dass es von meinen frühen Predigten keine Aufnahmen gibt!

Ich schreibe immer noch eine A4-Seite voll bei Schritt Eins. Aber dann mache ich Schritt Zwei: Ich suche eine Überschriften-Struktur. Das hilft mir enorm bei den Vorbereitungen.

Aber nicht nur das.

Die Überschriften-Struktur hilft mir auch, während ich spreche. Sie hilft mir dabei, klar zu sein. Ich weiß auch wie weit ich bin – wenn ich drei Punkte habe und nach 12 Minuten immer noch bei Punkt 1 bin, ist klar, dass ich jetzt einen Zahn zulegen muss.

Ich kann mir nicht mehr vorstellen, ohne eine Überschriften-Struktur über einen Bibeltext zu sprechen. Wenn Du den Wert davon bezweifelst, bitte ich Dich, weiterzulesen und es zumindest zu versuchen.

Der Heilige Geist hat vielleicht eine Überraschung für Dich bereit.

F3. Welche Nachteile könnte eine Überschriften-Struktur haben?

Natürlich ist es möglich, dass die Überschriften-Struktur den Bibeltext missbraucht, wenn ich eine Struktur erfinde, die nicht aus dem Text kommt. Oder vielleicht sind die Überschriften nicht ihrem jeweiligen Abschnitt angemessen.

So etwas wäre keine Auslegung, sondern eine Hineinlegung. Statt herauszuholen, was der Heilige Geist in den Text gelegt hat, lege ich Dinge in den Text hinein, die mir selbst eingefallen sind.

Es gibt also Gefahren.

Aber es gibt auch eine Lösung. Der Hauptgedanke muss die Überschriften-Struktur bestimmen.

F4. Wie kann ich eine Überschriften-Struktur finden?

Sehr oft kann man eine Bibelstelle in zwei oder drei Absätze oder gedankliche Einheiten unterteilen.

Manchmal helfen die Absätze in Deiner Bibelübersetzung, aber denk daran, dass in der Ursprache die Absätze nicht da waren und sie nur Vorschläge der Übersetzer sind.

Manche Worte können helfen, eine neue gedankliche Einheit zu erkennen. „Aber" am Anfang eines Satzes zum Beispiel ist ein guter Hinweis. Und wenn ein Satz mit dem Wort „deshalb" beginnt, fängt hier entweder ein neuer Gedanke an oder ein alter wird abgeschlossen.

Die Überschriften-Struktur könnte so aussehen:

   a. Drei Prinzipien (zu erwarten in einer lehrenden Bibelstelle, zum Beispiel aus einem neutestamentlichen Brief);
   b. drei Beschreibungen von dem, was im Text passiert (das funktioniert oft gut bei Erzähltexten, zum Beispiel Texten aus einem Evangelium oder aus einem Geschichtsbuch aus dem Alten Testament);
   c. drei Fragen (die von den Abschnitten beantwortet werden);
   d. drei Antworten auf eine Frage (die Du in der Einleitung stellst – die drei Abschnitte geben Dir die Antworten).

> **Aber warum müssen es drei Abschnitte und drei Überschriften sein?!?!**
>
> Wir alle haben schon Witze über Drei-Punkte-Predigten gehört! *Und wenn der Bibeltext zwei oder vier Teile hat, wird die Predigt genauso viele Teile haben.* Aber oft gibt es wirklich eine dreiteilige Struktur.
>
> Und es ist etwas Besonderes an der Zahl 3.
>
> Warum funktionieren Witze am besten mit der Zahl 3? Zum Beispiel:
>
> Zwei Schüler schreiben einen Test. Die Lehrerin schaut ihnen über die Schulter, damit sie nicht schummeln. Sie sagt zu einem von ihnen: „Du schreibst seine Lösungen ab!" Der Junge bestreitet das. „Schau doch die beiden Antwortzettel an", sagt die Lehrerin.
>
> „Er hat geschrieben: ‚Nummer 1: Ja'; du hast: ‚Nummer 1: Ja.'
>
> Er hat geschrieben: ‚Nummer 2: Nein'; du hast: ‚Nummer 2: Nein.'
>
> Er hat geschrieben: ‚Nummer 3: Ich weiß es nicht'; du hast: ‚Nummer 3: Ich auch nicht.'"
>
> Glaube mir: Wenn Du diesen Witz erzählst und die Pointe kommt bei Nummer 2 oder bei Nummer 4, wird viel weniger gelacht. Es ist etwas los mit der der Zahl 3.
>
> Warum ist die Zahl 3 für uns besonders? Ich weiß nicht, ob es etwas damit zu tun hat, dass wir im Bild eines Gottes geschaffen wurden, der eine Dreieinigkeit ist, aber es gibt keinen Zweifel: Es ist was los mit der Zahl 3.

F5. Wie habe ich eine Überschriften-Struktur für Hebräer 3,1-6 gefunden?

Das ist der Hauptgedanke der Stelle: *Christen werden nicht wegdriften, wenn sie wissen, dass Jesus der Größte ist.*

Mein Problem bei der Vorbereitung waren die Verse 2-6a, und das ist ein großes Problem, weil es da um den Großteil der Stelle geht. Vers 1 war mir klar, genauso wie die zweite Hälfte von Vers 6.

Aber worum ging es in den Versen 2-6a?

Beim Lesen, Denken und Beten wurde mir immer klarer: Der Autor vergleicht hier Mose, den größten Helden der ersten Leser, mit Jesus.

Und dann zeigt er, dass Jesus besser ist.

Und deswegen ist die folgende Überschriften-Struktur für Hebräer 3,1-6 mit drei Antworten auf eine Frage rausgekommen.

Hebräer 3,1-6 / Überschriften-Struktur

Die Frage: Was können wir tun, damit wir nicht von Jesus wegdriften?

Die Antworten:
1. Betrachte! (1)
2. Vergleiche! (2-6a)
3. Halte fest! (6b)

Ich halte diese Überschriften-Struktur nicht für beeindruckend.

Aber ich denke, dass jede Überschrift dem Inhalt ihres Abschnitts treu ist und dass die Überschriften zusammenpassen. (Obwohl, pingelig wie ich bin, hätte ich lieber als dritte Überschrift auch nur ein einziges Wort!)

Und diese Überschriften-Struktur macht es für mich leichter diese Bibelstelle so zu lehren, dass Menschen Gott begegnen.

Tu was (6)

Schlag bitte wieder Johannes 13,1-17 auf. Ich hoffe, Du versuchst es mit Schritt Zwei.

Erstens, teile die Stelle in zwei, drei oder vier Abschnitte ein. Versuch dabei noch nicht an Überschriften zu denken.

Zweitens (und wirklich erst nachdem Du die Abschnitte eingeteilt hast), versuche, Überschriften mit den folgenden Eigenschaften zu finden:

Jede Überschrift ist dem Inhalt ihres Abschnittes treu.
Die Überschriften müssen zusammenpassen.

Bitte beachte:

a. Gib Dich nicht mit nur einer Überschriften-Struktur zufrieden – finde so viele wie Du kannst und wähle dann das Beste aus.

b. Verwende die Liste von Möglichkeiten in Frage 4 auf Seite 29 um Ideen für Deine Überschriften zu bekommen.

> c. Sei kreativ! Bei Schritt Eins gibt es keinen Raum für Kreativität (die Kreativität dort gehört ganz dem Heiligen Geist bei der Inspiration des menschlichen Autors) – aber bei Schritt Zwei können wir kreativ sein.
>
> d. Auf der Webseite gibt es ein paar Ideen, die Dir helfen, eine Überschriften-Struktur zu finden.
>
> Wenn Du Deine Antworten aufgeschrieben hast, findest Du meine Vorschläge unter www.wielehreichdiebibel.org.

Ich hoffe, dass es Dir Freude gemacht hat, an der Überschriften-Struktur zu arbeiten. Wenn Du das nicht versuchst und übst, wirst Du nie entdecken wie außerordentlich hilfreich das ist – für Dich beim Lehren und für andere beim Zuhören.

Gegen Ende von Schritt Zwei müssen wir noch einige weitere Fragen stellen.

F6. Wann ist eine Überschriften-Struktur eine schlechte Überschriften-Struktur?

Es ist ganz egal, wie genial Deine Überschriften sind, wenn Deine Struktur die Bibelstelle verdreht.

Deswegen ist es wichtig, den Heiligen Geist um Hilfe zu bitten, wenn Du Dich daran machst, den Text einzuteilen. Wenn ich unsicher bin, werde ich ein paar Freunde fragen, was sie über die Einteilung denken, bevor ich weitermache und nach Überschriften suche.

Wichtig ist, die Suche nach Überschriften nicht zu überstürzen – nicht bis ich sicher bin, dass ich die Stelle richtig eingeteilt habe.

Manchmal ist die Überschriften-Struktur nicht wegen der Struktur sondern wegen den Überschriften armselig. Vielleicht ist nicht jede Überschrift dem Textinhalt treu oder sie passen nicht richtig zusammen.

Die Meinungen über Alliterationen gehen auseinander. Ist es gut, dass alle Überschriften mit demselben Buchstaben anfangen?

Ich habe kein Problem mit Alliterationen, *außer sie sind aufgezwungen und gekünstelt*. Wenn sie natürlich ist und die Wörter leicht verständlich sind, ist es gut, aber wenn eine der Überschriften nur wegen dem Anfangsbuchstaben einen gekünstelten Ausdruck verwendet, führt Alliteration in dem Fall zu einer schlechten Überschriften-Struktur.

Erinnere Dich kurz an meine Überschriften-Struktur für Hebräer 3,1-6:

1. Betrachte! (1)
2. Vergleiche! (2-6a)
3. Halte fest! (6b)

Ich könnte versuchen, Überschriften mit demselben Buchstaben zu finden. Die „Neues Leben Übersetzung" (2006 SCM R.Brockhaus, Witten) fordert in Vers 1 auf: „Denkt über diesen Jesus nach" – vielleicht fällt mir dazu etwas ein? „Halte im Gedächtnis" wäre vielleicht etwas?

Ich könnte doch so sagen:

1. Halte im Gedächtnis! (1)
2. Halte dagegen! (2-6a)
3. Halte dich fest! (6b)

Jetzt fangen alle drei Punkte nicht nur mit demselben Buchstaben, sondern mit demselben Wort an – aber war es das wert? Auch wenn wir, bildlich gesprochen, Jesus und Mose gegeneinander halten, indem wir sie vergleichen, und auch wenn wir etwas innerlich betrachten, das wir im Gedächtnis oder im Bewusstsein halten, sind doch alle Überschriften, bis auf die letzte, künstlich. Sie werden der Gemeinde nicht helfen, sich auf Gottes Worte zu konzentrieren.

Alliteration ist toll, wenn sie funktioniert. Ansonsten sollten wir sie um jeden Preis vermeiden.

Ebenfalls zu einer Verschlechterung führen überladene Überschriften. Wenn Du versuchst, die Überschriften mit möglichst vielen Details anzufüllen, werden sie manchmal zu umständlich und die Zuhörerinnen und Zuhörer können sie sich nicht merken.

So könnten überladene Überschriften für Hebräer 3,1-6 aussehen:

1. Betrachte Jesus, unseren Apostel und Hohenpriester (1)
2. Vergleiche Jesus und Mose und erkenne, Jesus ist besser (2-6a)
3. Halte an deiner Zuversicht und Hoffnung fest (6b)

Ich hoffe, Du siehst, dass hier zu viel Inhalt in den Überschriften steckt. Und diese Überladung hat dazu geführt, dass sie nicht zusammenpassen.

F7. Wann ist eine Überschriften-Struktur eine gute Überschriften-Struktur?

Schritt Zwei hat Antworten für diese Frage gegeben. Aber es gibt noch ein paar hilfreiche Tipps für Erzähltexte.

Im Allgemeinen ist es gut, statt eines Hauptwortes ein Verb zu verwenden. Aus „Die Tat von Jesus" wird besser „Was Jesus tat".

Und wenn Du ein Verb verwendest ist die Gegenwart besser als eine Vergangenheitsform, weil es die Vorstellungskraft der Zuhörer stärker anregt. Aus „Was Jesus tat" wird besser „Was Jesus tut".

F8. Wie verwende ich eine Überschriften-Struktur?

Denk daran, eine Überschriften-Struktur ist nicht nur für Dich beim Reden hilfreich, sondern auch für alle beim Zuhören.

Daraus folgt, dass Du Deine Überschriften benutzen wirst – behalte sie nicht für Dich! Wenn ich mich dabei erwische, dass ich meine Überschriften selten verwende, dann zeigt das fast immer, dass sie mir ein bisschen peinlich sind. Entweder verdächtige ich sie, die Bibelstelle zu verdrehen, oder ich weiß, dass sie nicht zusammenpassen.

Meine Botschaft kommt klarer an, wenn ich meine Überschriften *verwende*.

Das heißt aber nicht, dass ich meinen Zuhörern und Zuhörerinnen alle Überschriften gleich am Anfang der Predigt sage. Wenn ich das tue, lüfte ich das Geheimnis zu schnell – während ich dann über meinen ersten Punkt rede, denken manche schon angestrengt über den dritten nach!

Nehmen wir Hebräer 3,1-6 als Beispiel.

In meiner Einleitung werde ich sagen, dass wir drei Dinge tun können, um nicht von Jesus abzukommen. Dann sage ich: „Erstens, in Vers 1, *betrachte!*" Dann spreche ich über die zweite Hälfte von Vers 1.

Am Ende des ersten Punktes sage ich: „Das ist also das Erste, was wir tun können: Betrachte. Zweitens, von Vers 2 bis zum Anfang von Vers 6, *vergleiche!*"

Am Ende meines zweiten Punktes sage ich: „Wir haben zwei Dinge gesehen, die wir tun können, um nicht von Jesus abzukommen: *Betrachte* und *vergleiche*. Und jetzt, drittens, in der zweiten Hälfte von Vers 6, *halte fest!"*

Es tut mir leid, aber ich muss auf diesem Punkt herumreiten. Er ist wichtig. Ich verrate meine Überschriften nicht am Anfang, aber ich werde sie verwenden. Am Ende der Predigt ist es mein Ziel, dass jeder sich erinnert, was meine Überschriften waren.

F9. Warum sollte ich mich mit einer Überschriften-Struktur herumschlagen?

Manche, die die Bibel lehren, fragen sich das, weil sie das Gefühl haben, eine Überschriften-Struktur zu finden wäre zu aufwendig.

Aber ich bin überzeugt, dass es das wert ist.

Wenn Du eine große Lehrgabe hast, kommst Du vielleicht ohne eine Überschriften-Struktur davon. Die Leute hören Dir sogar zu, wenn Du das Telefonbuch vorliest!

Mir fallen ein paar Prediger ein, die sehr begabt sind und keine Überschriften-Struktur verwenden – und es sieht so aus, als wäre das egal. Ihre Zuhörerinnen und Zuhörer begegnen Gott durch die Predigt. Aber ich wage zu behaupten: Nach der Predigt wird es der Gemeinde schwer fallen, anderen klar weiter zu sagen, was sie gerade gehört haben.

Und sehr oft verwenden sehr begabte Bibellehrer trotzdem eine Überschriften-Struktur, weil sie wissen, dass das der Gemeinde hilft. Meine zwei Vorbilder aus Teil Eins gehören zu dieser Gruppe.

Aber für die von uns, die keine außerordentlich große Lehrgabe haben, wird eine Überschriften-Struktur eine große Hilfe sein.

Für mich könnte ich es mir gar nicht anders vorstellen.

F10. Wie werde ich besser darin, eine Überschriften-Struktur zu finden?

Als erstes brauchst Du Übung.

Alan, ein sechzehnjähriger Christ in einer englischen Internatsschule, startete ein Experiment. An drei Tagen in der Woche traf er sich mit anderen Christen zum Bibellesen. Nach dem Vorlesen erklärte Alan die

Stelle, indem er sie in Abschnitte teilte und jedem Abschnitt eine Überschrift gab.

Weil keiner der anderen Jungen das versuchen wollte, hat Alan es zwei Jahre lang selbst gemacht.

Er wurde zu einem der klarsten Bibellehrer in England.[1]

Wenn Du darin besser werden willst, eine Überschriften-Struktur zu finden, brauchst Du Übung. Du kannst das sogar ausprobieren, wenn Du über die betreffende Stelle keine Bibelarbeit hältst. Wenn ich die Bibel lese, suche ich oft nach einer Überschriften-Struktur.

Deswegen fällt es mir wohl heute schon leichter als früher, eine Überschriften-Struktur zu finden.

Das Zweite, was Du tun kannst, ist beten.

Wenn es Dir ernst damit ist, die Bibel zu lehren, dann bitte Gott, dass er Deine Fähigkeit, eine Struktur in einer Bibelstelle und passende Überschriften zu finden, wachsen lässt, damit Menschen Gott durch die Bibel sprechen hören.

Wenn wir nicht bitten, bekommen wir nicht (Jakobus 4,2b).

Wenn wir üben und beten, wird unsere Lehrgabe wachsen. Und das Ziel wird uns motivieren: Wir sehnen uns danach, dass Menschen Bibellehre und Predigt als ein übernatürliches Ereignis erleben – als eine Begegnung mit Gott selbst.

Tu was (7)

Versuch doch mal, eine Überschriften-Struktur für die folgenden Abschnitte zu finden:

a. Markus 8,27-38
b. Epheser 2,1-10
c. Philipper 1,3-26
d. 1. Korinther 9,19-27
e. Lukas 5,1-11

---

[1] Aus Alan M. Stibbs: *Understanding, Expounding and Obeying God's Word*, S. 74-75, Authentic Media 2009.

> **Erstens**, teile die Stelle in zwei, drei oder vier Abschnitte ein. *Versuch dabei noch nicht an Überschriften zu denken.*
>
> **Zweitens** (und wirklich erst nachdem Du die Abschnitte eingeteilt hast), versuche, Überschriften mit den folgenden Eigenschaften zu finden:
>
> >   Jede Überschrift ist dem Inhalt ihres Abschnittes treu.
> >   Die Überschriften müssen zusammenpassen.
>
> *Und bitte bete dabei.*
>
> Während Du daran arbeitest, eine Überschriften-Struktur zu finden, machst Du Schritt Zwei. Aber Dir fällt sicher auf, dass Du dabei auch Schritt Eins machst: Es ist unmöglich, eine Überschriften-Struktur zu suchen, ohne gleichzeitig die Stelle neu zu studieren. Schritt Zwei bringt Dich zu Schritt Eins.
>
> Wenn Du Deine Antworten aufgeschrieben hast, findest Du meine Kommentare und Vorschläge zu jeder der Bibelstellen unter www.wielehreichdiebibel.org.

Ein letzter Gedanke zur Überschriften-Struktur. Obwohl Schritt Eins (Den Abschnitt im Zusammenhang studieren) der wichtigste Schritt bei der Vorbereitung einer Predigt oder eines Bibelvortrags ist, dauert Schritt Zwei nach meiner Erfahrung länger als die anderen Schritte.

Oft ist es nicht schwer, die Struktur des Textes zu finden. Aber ich verwende viel Zeit dafür, Überschriften zu finden, die wirklich dem Inhalt treu sind und sich im Gedächtnis der Zuhörerinnen und Zuhörer festsetzen, so dass sie darüber nachdenken, was der Heilige Geist ihnen sagt.

Und damit sie Gott begegnen.

Schritt Eins: Den Abschnitt im Zusammenhang studieren

Schritt Zwei: Eine Überschriften-Struktur finden

Schritt Drei:
Fleisch und Blut hinzufügen

Nach Schritt Zwei habe ich ein Skelett – nur eine Überschriften-Struktur. Jetzt ist es Zeit, dem Skelett auch Fleisch und Blut zu geben.

Das Fleisch ist der biblische Inhalt; das Blut ist das Gefühl und das Feuer.

Jede Predigt oder Bibellehre braucht eine Einleitung, einen Hauptteil und einen Abschluss. Gewöhnlich ist es besser, die Einleitung und den Schluss *nach* dem Hauptteil vorzubereiten.

1. Der Hauptteil

Hier muss ich mir drei Fragen stellen.

a. Was muss ich erklären?

Das ist die erste Aufgabe beim Lehren der Bibel. Wenn ich die Bibelstelle nicht erkläre, mache ich meine Arbeit nicht ordentlich.

b. Welche Beispiele könnte ich verwenden?

Ich habe einmal gehört, wie John Stott sagte, eine seiner Schwächen als Prediger wäre das Fehlen von Beispielen. Er erzählte uns von einem Freund, der sagte: „John, ich hab dein neues Buch gelesen. Es ist hervorragend, aber es ist wie Raum ohne Fenster."

Beispiele und Bilder sind wie Fenster. Ohne sie bleiben die Zuhörer im Dunkeln.

Aber Beispiele können gefährlich sein.

Manchmal fällt mir einfach kein gutes Beispiel ein und ich bin in Versuchung, ein Beispiel zu bringen, das nicht relevant ist, vielleicht eine Lieblingsgeschichte. Das ist ein Riesenfehler, weil es die Gemeinde von der Botschaft des Textes wegbringt, anstatt sie ihr nahe zu bringen.

Wenn mir kein gutes, relevantes Beispiel einfällt, ist es besser, keines zu verwenden.

Von allen anderen Gefahren erwähne ich nur noch eine. Wenn wir beim Bibellehren Beispiele aus unserem eigenen Leben bringen, müssen wir aufpassen: Manche Beispiele erklären nicht nur den Text (was gut ist), sondern rücken uns auch in ein unglaublich gutes Licht (was schlecht ist). Das Ziel meiner Bibellehre ist, dass Gott bewundert wird, nicht ich.

c. Welche Anwendung werde ich bringen?

Diese Frage sollten wir uns die ganze Zeit über stellen.

Bei manchen Bibeltexten wird es natürlicher sein, alle Anwendungen am Ende zu bringen. Bei anderen, besonders bei Lehrtexten aus neutestamentlichen Briefen, ist es oft sinnvoller, Anwendungen nach jedem einzelnen Punkt zu bringen, bevor man zum nächsten geht.

Nehmen wir wieder Hebräer 3,1-6. Wie haben mir diese drei Fragen geholfen, die Predigt vorzubereiten?

---

1. Betrachte! (Vers 1)

a. Was muss ich erklären?

Betrachte / blicke auf.

Apostel (Gesandter).

Hohepriester (der ein Opfer bringt).

Als Apostel bringt Jesus Gott zu uns, als Hohepriester bringt er uns zu Gott.

b. Welche Beispiele könnte ich verwenden?

Das Beispiel vom Foto der Freundin.
(Das veranschaulicht, was es bedeutet, etwas dauernd zu betrachten.)

c. Welche Anwendung werde ich bringen?

(Weil das ein Lehrtext ist und meine Hauptpunkte Prinzipien sind, ist es natürlich, nach jedem Punkt Anwendungen zu bringen.)

Stille Zeit.

Tagsüber an Jesus denken, den Apostel und Hohenpriester.

Einen Evangelienabschnitt auswendig lernen hilft, Jesus zu betrachten.

Das schreibe ich alles auf ein Blatt Papier. Dann nehme ich ein zweites Blatt...

---

2. Vergleiche! (Verse 2-6a)

a. Was muss ich erklären?

Den Hintergrund in 4. Mose 12,7.
(‚Haus' bezieht sich auf Gottes Volk.)

Der Vergleich zwischen Mose und Jesus.
(Ich werde die Vergleichsliste hier wahrscheinlich aufführen.)

b. Welche Beispiele könnte ich verwenden?

Beispiele von Dingen, die uns von Gott wegziehen: die alte Religion, eine Sünde, eine Freundschaft, alles, was uns wichtiger als Gott erscheint.

c. Welche Anwendung werde ich bringen?

Überlege, was Dich von Gott wegzieht und vergleiche es mit Jesus.

Und auf einem dritten Blatt Papier...

---

3. Halte fest! (Vers 6b)

a. Was muss ich erklären?

Vertrauen/Freimütigkeit/Zuversicht. (Im Hebräerbrief bedeutet das die Zuversicht zu wissen, dass wir das Recht haben, in Gottes Gegenwart zu gehen – siehe 4,16 und 10,19.)

Hoffnung. (Gewissheit, dass Gott uns eines Tages zu sich nach Hause holt.)

Festhalten.

b. Welche Beispiele könnte ich verwenden?

Die Königin von England, Prinz Charles und ich.

Zwei Christen, die beten.

c. Welche Anwendung werde ich bringen?

Unser eigenes Gebetsleben.

Übe Festhalten an unserer Zuversicht im Gebet diese Woche.

Jetzt habe ich also drei Seiten für die drei Punkte des Hauptteils der Predigt. Beim Predigen verwende ich diese Blätter nicht, aber sie helfen mir sehr beim Schreiben meiner Predigtnotizen (siehe 4, auf Seite 46).

Diese Notizen, die Du gerade gelesen hast, werden viel mehr Sinn ergeben, wenn Du die Predigt online auf www.wielehreichdiebibel.org anhörst, entweder jetzt oder am Ende von Teil Zwei dieses Buches.

Tu was (8)

Schlag bitte wieder Johannes 13,1-17 auf.

Entscheide Dich jetzt für eine Überschriften-Struktur. Du kannst eine eigene oder eine von der www.wielehreichdiebibel.org verwenden.

Nachdem Du gesehen hast, wie ich meinen Hauptteil für Hebräer 3,1-6 vorbereitet habe, verwende die gleichen Fragen für jeden Punkt Deiner Predigt oder Bibelandacht über Johannes 13,1-17:

a. Was muss ich erklären?

b. Welche Beispiele könnte ich verwenden?

c. Welche Anwendung werde ich bringen? (Aber denk daran, dass die Anwendung manchmal erst ganz am Schluss kommt, zum Beispiel bei einem Erzähltext.)

Wenn Du Deine Antworten aufgeschrieben hast, findest Du ein Beispiel von mir unter www.wielehreichdiebibel.org.

---

2. Die Einleitung

Während der Einleitung treffen die Zuhörer eine Entscheidung. Und Du weißt, welche – Du machst das auch, wenn jemand die Bibel lehrt!

Höre ich mir das an oder nicht?

Gerüchteweise treffen manche Leute diese Entscheidung während der ersten dreißig Sekunden einer Predigt oder eines biblischen Inputs. Irgendwie müssen wir ihre Aufmerksamkeit erringen und sie überzeugen, dass es sich für sie lohnt, zuzuhören.

Am besten geht das, wenn wir eine Brücke zwischen dem Bibeltext und dem Leben der Zuhörerschaft bauen. Es ist sinnlos, damit bis zum Hauptteil der Predigt zu warten: Ich muss das in der Einleitung tun.

Das bedeutet natürlich, dass ich über die Menschen nachdenke, zu denen ich sprechen werde.

So könnte die Einleitung für Hebräer 3,1-6 aussehen:

Hebräer 3,1-6 / Einleitung

Die ersten Leser waren in der Versuchung, von Jesus abzukommen... (der Bibeltext).

Wir stehen in ähnlichen Versuchungen ... (das Leben der Zuhörer) und in unserem Bibelabschnitt gibt es drei Dinge, die uns helfen, nicht abzukommen.

Ich hoffe, dass Du sehen kannst, wie hier die Brücke gebaut wird. Sie zeigt den Zuhörerinnen und Zuhörern (wenn sie gläubig sind), dass sie genau diese Bibelstelle brauchen, wenn sie in der Liebe zu Jesus wachsen wollen, anstatt von ihm abzukommen.

Du kannst selbst entscheiden, von welcher Seite Du die Brücke baust.

Manchmal fängst Du mit dem Bibeltext an und erklärst, wie er heute für uns relevant ist; manchmal beginnst Du mit einem Thema, das uns bewegt, und erklärst, warum wir genau diese Bibelstelle daher brauchen.

Gewöhnlich gelingt es mit der zweiten Möglichkeit leichter, die Aufmerksamkeit zu erlangen. Wesentlich ist: Baue die Brücke.

Aber im Fall von Hebräer 3,1-6 ist die Einleitung noch nicht fertig. Wenn wir uns Vers 1 ansehen, erkennen wir den Grund.

„Darum, ihr heiligen Brüder, die ihr teilhabt an der himmlischen Berufung, *schaut auf den Apostel und Hohenpriester, den wir bekennen, Jesus,* ..."

Ich habe meinen ersten Punkt kursiv gesetzt: „Betrachte!" Ich hoffe, Du siehst, dass alles was davor kommt, in der Einleitung untergebracht werden muss, weil es nicht zum ersten Punkt gehört.

Teil Zwei: Eine Methode

Hier ist wieder die Einleitung. Dir fällt sicher auf, dass ich jetzt die Brücke vom anderen Ende her baue und die Einleitung länger geworden ist ...

Hebräer 3,1-6 / Einleitung

Wir alle kennen die Versuchung, aufzugeben und Jesus nicht mehr nachzufolgen (das Leben der Zuhörer).

Die ersten Leser haben dieselbe Versuchung erlebt (der Bibeltext). Und diese Bibelstelle gibt uns drei Hilfen, nicht von ihm abzukommen.

Aber bevor wir auf sie eingehen, schau dir an, wie der Hebräerbrief Christen beschreibt (Vers 1a).

Schauen wir uns jetzt die drei Dinge in diesem Bibelabschnitt an, die uns helfen, nicht abzukommen...

Wenn die Einleitung zu lang ist, werden einige der Zuhörer abschalten. Wenn die Einleitung zu kurz ist, werden sie nicht einmal einschalten.

Mir ist klar: Dieser letzte Absatz ist wenig hilfreich!

Um ein bisschen ausführlicher zu werden: Es gibt verschiedene Meinungen darüber, aber hier ist eine Daumenregel; wenn ich 30 Minuten predige, sollte meine Einleitung nicht länger als fünf Minuten sein, und drei oder vier wären noch besser.

Das ist wichtig – aber am wichtigsten an der Einleitung ist, dass sie die Brücke bauen muss.

Tu was (9)

Bitte schlag wieder Johannes 13,1-17 auf.

Schreibe jetzt Notizen für Deine Einleitung. Denk daran, die Brücke zwischen dem Leben der Zuhörer und der Bibelstelle zu bauen.

Versuche, zwei Versionen zu schreiben. Bau die Brücke zuerst von der Bibel, dann bau die Brücke vom Leben der Zuhörer aus.

Wenn Du Deine Antworten aufgeschrieben hast, findest Du meine Vorschläge unter www.wielehreichdiebibel.org.

3. Der Schluss

Deine Predigt, Deine Bibellehre sollte einen Höhepunkt erreichen. Der Schluss bietet die tolle Möglichkeit, den Eindruck deiner Worte zu verstärken, indem Du das Wichtigste wiederholst.

Der Schluss sollte kurz sein: Wiederhole hier ja nicht die ganze Predigt!

Stell Dir vor, Du bist in der Pilotenausbildung. Du hast alle Schulungen besucht und heute ist der erste Tag, an dem Du mit Passagieren fliegst. Verständlicherweise bist Du nervös.

Starten und Fliegen sind kein Problem. Nur die Landung ist knifflig. Immer wieder näherst Du Dich der Landebahn, bereit zum Aufsetzen, aber im letzten Augenblick verlässt Dich der Mut und plötzlich ist das Flugzeug wieder über den Wolken.

Manche Prediger sind so. Sie haben echte Schwierigkeiten beim Landen.

Ich weiß das aus eigener Erfahrung. Ich habe gepredigt und bin beim Schluss. Während ich rede, denke ich: „Andrew, eigentlich wolltest Du jetzt aufhören. Aber Du weißt nicht wie." Also rede ich einfach weiter.

Und die ganze Gemeinde sehnt sich nach der Landung!

Es lohnt sich, Deine Worte sorgfältig zu wählen. Welche Notizen Du auch für Deine Predigt verwendest, ich empfehle, den Schluss ganz auszuschreiben. Nicht, um ihn vorzulesen. Aber die Tatsache, dass Du das schon einmal durchdacht hast, wird Dir bei einer erfolgreichen Landung helfen.

Manchmal ist ein gutes Beispiel oder eine gute Geschichte (wenn sie nicht zu lange ist) hilfreich. Beim Vorbereiten von Hebräer 3,1-6 sind mir drei Beispiele für meinen dritten Punkt eingefallen (was für mich ungewöhnlich ist); deswegen habe ich mir eines davon für den Schluss aufgespart.

Oft gibt es eine ganz natürliche Verbindung zwischen Schluss und Einleitung. Für die Zuhörer und Zuhörerinnen verstärkt sich dadurch der Eindruck, dass das, was der Heilige Geist durch die Bibelstelle gesagt hat, wirklich etwas mit der Herausforderung im Leben zu tun hat, die Du am Anfang erwähnt hast.

> **Hebräer 3,1-6 / Schluss**
>
> Betrachte, vergleiche und halte fest.
>
> Beispiel: Das Schild im Bus.
>
> Bis zur Endstation festhalten.

> **Tu was (10)**
>
> Schlag noch einmal Johannes 13,1-17 auf.
>
> Schreib einen kurzen, klaren Schluss für Deinen Bibelvortrag.
>
> Wenn Du Deinen Schluss geschrieben hast, findest Du einen Vorschlag von mir auf www.wielehreichdiebibel.org.

Noch ein letzter wichtiger Hinweis. Ich empfehle, mit Gebet aufzuhören.

Wenn Du es nicht tust, passiert es vielleicht nie oder jemand anderer leitet die Gemeinde im Gebet, aber dieses Gebet geht an der Bedeutung der Stelle vorbei.

Und Satan lacht.

Wenn Du es tust, gibst Du allen in der Gemeinde die Chance, auf die Worte des Heiligen Geistes durch die Bibel zu reagieren. Vielleicht beginnst Du mit einer Zeit der Stille, in der jede und jeder eingeladen ist, still für sich zu beten, bevor Du ein kurzes Abschlussgebet sprichst.

Und Gott freut sich.

> **Aber wo bleibt das Blut?**
>
> Der dritte Schritt der Methode, die ich hier lehre, heißt: **Fleisch und Blut hinzufügen**. Und ich habe das so erklärt:
>
> Das Fleisch ist der biblische Inhalt; das Blut ist das Gefühl und das Feuer.
>
> Hauptteil, Schluss, Einleitung – die ganze Zeit haben wir über das Fleisch der Bibellehre gesprochen.
>
> Wo bleibt also das Blut?

> *Was ich nicht kann*, ist Dir beizubringen, leidenschaftlich zu sein. Manche versuchen das, aber am Ende wirst Du nicht mehr Du selbst sein.
>
> *Was ich tun kann*, ist Dich zu ermutigen, alles in der Vorbereitung und Lehre als Anbetung Gottes zu tun. Öffne Dich für den Heiligen Geist: Erlaube ihm, Dich mit seiner Wahrheit zu berühren und zu bewegen.
>
> Wenn Deine Vorbereitung nur trockene Theorie ist, wird Deine Lehre nur trockene Theorie sein. Aber wenn Du Gott während der Vorbereitung begegnest, wird sich das in Deiner Lehre zeigen.
>
> Gefühl und Feuer sind Schlüsselelemente in der Bibellehre. Aber sie müssen auf eine Art durchscheinen, die für Dich natürlich ist.
>
> Es wäre gut, dieses Thema mit Deinem Mentor zu besprechen.
>
> Auch deshalb ist Teil Drei dieses Buches so wichtig.

4. Gute Notizen schreiben

a. Notizen müssen klar sein

Das zu erwähnen, ist fast überflüssig – unsere Unterlagen müssen klar sein. Aber es gibt Bibellehrer, deren Lehre ganz durcheinander ist, weil ihre Notizen ein Durcheinander sind.

Wie auch immer Du Deine Notizen schreibst, sorge dafür, dass sie klar sind. Während dem Reden willst Du nicht plötzlich denken: „Was hab ich eigentlich mit diesem Satz gemeint?" Sorge dafür, dass Du Dich ganz auf die Bibel, die Gemeinde und den Herrn konzentrieren kannst.

b. Wie ich anfing

Als ich anfing, die Bibel zu lehren, hat mir jemand geraten, im ersten Jahr alles Wort für Wort aufzuschreiben. Das hat gut funktioniert. Meistens habe ich die Notizen beim Lehren nicht lesen müssen – wegen der Arbeit daran, alles zu schreiben. Ich konnte mich klar ausdrücken und musste nur von Zeit zu Zeit meine Unterlagen heranziehen.

Später wurde mir geraten, alles Wort für Wort aufzuschreiben und dann daraus kürzere Unterlagen zu erstellen. Das fiel mir wirklich schwer. Es war nicht leicht, als unerfahrener Redner ohne meine ausführlichen und gut ausgearbeiteten Unterlagen zu einem Treffen zu gehen.

Manchmal ist es mir aber gelungen.

c. Mein nächster Schritt

Später fand ich die Methode, die mir die nächsten zwanzig Jahre gute Dienste geleistet hat. Ich empfehle, es zu versuchen, auch wenn Du Dich für eine andere Methode entscheidest, die für Dich besser funktioniert.

Bei dieser Methode schreibst Du nicht alles auf, sondern hast Notizen, die Du notfalls (wenn Dein Gehirn sich ausschaltet) vorlesen könntest.

Beginne jeden Hauptgedanken am linken Seitenrand und rücke alles andere ein. Das bedeutet, wenn die Zeit für den nächsten Hauptpunkt kommt, weißt Du, wo Du ihn findest: am linken Rand.

Hier ist ein Beispiel, wie das aussehen könnte...

Hebräer 3,1-6 / Einleitung

Wann hast du so etwas zum letzten Mal gesagt?

    „Ich gebe auf. Jesus nachzufolgen ist zu schwer. Ich gebe auf."

Das war genau die Situation der ersten Leser dieses Briefes.

    Sie waren Juden, die Christen geworden sind.

    Aber sie waren unter Druck, es gab Verfolgung.

    Und sie waren drauf und dran, ihre Jesusnachfolge aufzugeben und in ihre alte Religion zurückzugehen.

Jetzt will ihnen der Autor dieses Briefes helfen, nicht aufzugeben.

    Er will, dass sie weiter von Jesus begeistert sind.

    Deswegen sagt er ihnen in diesem Abschnitt am Anfang von Kapitel 3 drei Dinge, die sie tun können, damit sie als Christen weiterkommen.

Und wenn wir am liebsten Jesus aufgeben würden, werden uns diese Dinge auch helfen.

Aber bevor wir auf sie eingehen, schau dir an, wie der Hebräerbrief Christen beschreibt (Vers 1a) ...

Ich hoffe, Du siehst, wie diese Methode funktioniert. Wenn ich weiß, wovon jeder Absatz handelt, kann ich frei reden, ohne meine Unterlagen vorzulesen. Aber sobald ich einen Gedanken beendet habe und eine kleine Erinnerung brauche, wie es weitergeht, weiß ich, wo ich hinschauen muss: nach links.

Es funktioniert. Versuch Dir meine Einleitung zu Hebräer 3 selbst zu predigen, wenn Du möchtest – laut.

Aber nicht im Bus.

d. Deine Unterlagen

Vielleicht entscheidest Du Dich, mit einem voll ausgeschriebenen Text zu predigen. Das ist in Ordnung. Ich kenne Bibellehrer, die jedes Wort in ihren Unterlagen haben, aber man merkt es nicht.

Oder vielleicht versuchst Du es mit kürzeren Notizen. Das ist auch in Ordnung, so lange Du dabei klar sein kannst.

Egal wie Du Dich entscheidest, zwei Dinge möchte ich betonen:

Erstens, verwende Papier in der richtigen Größe. Wenn Du von einer Kanzel oder einem Pult predigst, hast Du manchmal nicht genug Platz für Deine Bibel und eine Sammlung A4-Seiten.

Ich habe dieses Problem gelöst, in dem ich Papier von der Größe meiner Bibel verwende. So habe ich immer Platz. Und wenn es keine Kanzel und keinen Notenständer gibt (oder ich sie nicht verwenden will), dann kann ich einfach meine Bibel in der Hand halten und die Notizen auf sie legen.

Zweitens, nummeriere die Seiten ganz deutlich. Wenn Du das tust, wirst Du wissen, dass Du alles in der richten Reihenfolge hast. Und Du wirst Dich auf die Stelle, die Zuhörer und den Herrn konzentrieren können.

Wenn wir eine Predigt oder einen Bibelvortrag vorbereiten, brauchen wir eine einfache Methode. Wir haben daher gesehen:

Teil Zwei: Eine Methode

1. **Den Abschnitt im Zusammenhang studieren**
2. **Eine Überschriften-Struktur finden**
3. **Fleisch und Blut hinzufügen**

Natürlich kann es sein, dass Du manches anders machen wirst, als ich es vorschlage. Aber ich hoffe, dass Du trotzdem alle drei Schritte versuchst.

Meiner Erfahrung nach sind viele Leute zunächst skeptisch bei Schritt Zwei: Eine Überschriften-Struktur finden. Aber die meisten ändern ihre Meinung, wenn sie diesen Schritt einmal selbst ausprobiert haben.

Wir werden beim Bibellehren nicht wachsen, wenn wir nicht studieren, experimentieren und beten.

Ich hoffe, Du machst alle drei.

Teil Drei

Ein Mentor

Du hast ein oder zwei Vorbilder im Bibellehren entdeckt. Und ich habe Dir eine Methode beigebracht, eine Bibelstelle zu predigen.

Der nächste Schritt ist, einen Mentor oder eine Mentorin zu finden.

Dazu möchte ich noch einmal daran erinnern, warum es für mich wichtig ist, dass die Methode einfach ist. Die meisten Christen mit der Gabe der Lehre wissen nämlich instinktiv Dinge über das Lehren, die ihnen niemand gesagt hat.

Menschen mit der Gabe der Lehre musst Du also nicht erklären, dass ihre Sätze nicht zu lange werden dürfen. Das ist für sie offensichtlich.

Und man muss ihnen auch nicht erklären, dass ein Psalm anders gelehrt wird als eine Evangelienstelle oder ein Abschnitt aus einem neutestamentlichen Brief. Für Menschen mit der Gabe der Lehre ist das logisch.

Die Methode muss das alles nicht erklären.

Aber wir alle haben blinde Flecken. Deswegen brauchen alle, die die Bibel lehren, einen Mentor, der ihnen hilft, in ihrer Gabe zu wachsen.

Darum geht es in Teil Drei.

1. Wer ist als Mentor geeignet?

Mein Vorschlag ist, dass Du jemanden suchst, der beim Bibellehren mehr Erfahrung hat als Du, dessen Bibellehre Du respektierst, bewunderst und durch dessen Predigten Du gesegnet wurdest.

Vielleicht ist es jemand von deinen Vorbildern in Teil Eins dieses Buches?

Wenn Du mehr oder weniger die Methode aus Teil Zwei verwendest, ist es wichtig, dass die Person, die Du als Mentor anfragst, versteht, was Du zu tun versuchst.

Finde auch heraus, ob diese Person glaubt, dass Wachstum beim Bibellehren nicht nur durch Übung, sondern auch durch Gebet geschieht. Es ist der Geist Gottes, der Gottes Volk mit Gaben ausrüstet, mit denen sie Jesus verherrlichen.

Finde also einen Mentor, der für Dich und mit Dir beten will.

2. Wie finde ich heraus, ob ich die Gabe der Lehre habe?

Ich stelle diese Frage in Teil Drei, weil ein Mentor oft Dinge in uns sieht, die wir selbst nicht sehen können.

Die Gabe der Lehre wird in den Listen von geistlichen Gaben im Neuen Testament erwähnt (siehe Römer 12,7; 1. Korinther 12,28; Epheser 4,11 und 1. Petrus 4,11). Jeder Christ erhält mindestens eine geistliche Gabe vom Heiligen Geist: Niemand hat keine Gaben, niemand hat alle Gaben, keine Gabe ist allen Christen gegeben.

Wie finde ich also heraus, ob ich die Gabe der Lehre habe?

Ein Weg ist einfach damit anzufangen, die Bibel zu lehren, wann immer sich die Gelegenheit bietet – einem Freund oder einer Gruppe.

Ich hab nicht herausgefunden, ob ich für Tennis begabt bin, indem ich Bücher über Tennis gelesen habe und als Zuschauer in Wimbledon war. Nein, ich fing wirklich an, Tennis zu spielen.

Und nicht viel später war klar: Ich habe die Tennisgabe nicht!

Wenn Du herausfinden willst, ob der Heilige Geist Dir die Gabe der Lehre gegeben hat, fang an Gott um Gelegenheiten zu lehren zu bitten. Aber Du kannst noch etwas tun.

Unten folgen fünf Hinweise darauf, dass der Heilige Geist jemandem die Gabe der Lehre gegeben hat. Du musst nicht alle fünf haben um zu wissen, dass Gott will, dass Du die Bibel lehrst. Aber wenn Du keine von den fünf bei Dir entdeckst, könnte es sein, dass Du die Gabe der Lehre nicht hast und Du andere Gaben stärker nutzen solltest, um Gott zu dienen.[2]

Beim Lesen der Hinweise oder beim Gespräch über sie mit Deinem Mentor erlebst Du vielleicht eine wachsende Begeisterung. Oder das Gegenteil.

Auf jeden Fall wirst Du etwas haben, das Du im Gebet mit dem Herrn besprechen kannst.

---

[2] Der Autor hat die fünf Eigenschaften aus einem Vortrag von Bill Hybels überarbeitet.

a. Ein Christ mit der Gabe der Lehre genießt die Vorbereitung

Das bedeutet, dass die Vorstellung, sich hinzusetzen, zu beten und mit dem Studium einer Bibelstelle zu beginnen um sie zu lehren, für Dich positiv ist.

Das heißt nicht, dass es nie Situationen gibt, in denen Du stecken bleibst und Dich fragst, ob Du jemals mit der Vorbereitung fertig wirst.

Aber die Aussicht auf die Vorbereitung und was Du dabei erlebst, elektrisiert Dich.

b. Ein Christ mit der Gabe der Lehre glaubt, dass Gott mehr als alles andere die Bibel verwendet, um Leben zu ändern

Natürlich verwendet er auch andere Dinge: Anbetung, Seelsorge, Freundschaft, Gebet.

Aber ich bin überzeugt, dass er die Bibel mehr als alles andere verwendet.

Wenn ich das nicht glaube, werde ich mir keine Zeit für Gebet, Lesen und Vorbereitung nehmen.

c. Ein Christ mit der Gabe der Lehre kennt die Gleichzeitigkeits-Erfahrung

Wenn Gott Christen mit der Gabe der Lehre in der Bibel etwas lehrt, haben sie oft zwei gleichzeitige Erfahrungen.

Sie danken Gott für das, was sie gelernt haben.

Und sie denken sofort ungefähr so etwas wie: „Ich muss das Tina zeigen" oder „Das würde super in den Input für die Jugendgruppe passen."

Anders gesagt, wenn sie etwas lernen, denken sie gleich an Leute, denen sie es weitergeben könnten. Das ist die Gleichzeitigkeits-Erfahrung.

Ich habe immer gedacht, dass alle Gläubigen das erleben. Aber so ist es nicht. Warum? Weil die meisten andere geistliche Gaben haben.

d. Ein Christ mit der Gabe der Lehre bekommt positives, ehrliches Feedback

Das heißt, wenn Du lehrst, reagieren die Menschen positiv.

Aber es muss ehrlich sein. Wenn jemand sagt, „Ich glaube Du bist begabter als der Apostel Paulus", dann nimm es nicht ernst.

Das bist Du nicht. Glaub mir.

Positives und ehrliches Feedback sieht vielleicht so aus: „Ich hab gedacht, dass die Einleitung ein bisschen verwirrend war, aber als Du über das Kreuz gesprochen hast, war es so klar und ich hab gemerkt, dass ich Gott dafür anbetete." Das ist positiv und ehrlich.

Einmal hörte ich einen englischen Studenten in einer winzigen Kirche in Wales predigen. Offensichtlich hatte er nie eine Predigtschulung besucht. Nicht nur seine Hände zitterten, sondern auch seine Stimme.

Er legte seine Notizen auf den Boden und las die Bibelstelle vor. Dann legte er die Bibel auf den Boden, nahm seine Unterlagen und fing an zu predigen. Wenn er etwas sagte wie, „Hört, was Jesus in Vers 23 sagt", legte er sein Unterlagen wieder auf den Boden, hob wieder seine Bibel auf und las Vers 23 vor.

Und so weiter. Du kannst es Dir vorstellen. Null Punkte für Vortragsstil.

Aber dreißig Jahre später weiß ich immer noch, welche Bibelstelle er gepredigt hat und wie Gott zu mir durch sie gesprochen hat.

Nach dem Gottesdienst dankte ich ihm für die Predigt. Er verzog sein Gesicht. „War das Deine erste Predigt?", fragte ich.

„Ja", sagte er, „und es war auch meine letzte."

Ich kann mich erinnern, wie ich sagte, dass es natürlich viel gäbe, was er noch über das Bibellehren lernen könnte. Aber ich sagte, dass er Gott durch die Bibelstelle sprechen lassen habe. Ich sagte, dass ich ihn natürlich nur einmal die Bibel lehren gehört hätte, aber dass er sehr wahrscheinlich die Gabe der Lehre hätte.

Ich hab ihn ermutigt, mehr Gelegenheiten für Bibellehre zu suchen.

Es wäre toll, wenn ich die Geschichte so schließen könnte: „Und dieser junge Mann ist jetzt Pastor einer Gemeinde mit 9.000 Mitgliedern."

Aber das kann ich nicht. Vielleicht hat er seit dem Tag nie wieder versucht, anderen die Bibel zu lehren. Oder vielleicht verwendet ihn Gott heute als Bibellehrer, damit sie Gott begegnen.

Ich hoffe, Du siehst, was ich mit positivem, ehrlichem Feedback meine.

e. Ein Christ mit der Gabe der Lehre kennt das innere Zeugnis des Heiligen Geistes

Das ist eine sehr subjektive Erfahrung. Als ich mit dem Bibellehren anfing, hätte ich gesagt, dass ich von diesem Zeugnis sehr wenig wüsste.

Aber es ist über die Jahre gewachsen.

Im ersten Jahr, in dem ich predigte, war ich Student an der Uni und wurde in winzige Kapellen auf dem Land zum Predigen eingeladen, in denen oft nur sieben oder acht Leute waren. Damals hatte ich nach der Predigt oft das Gefühl, versagt zu haben.

Einmal kam ich zurück in mein Zimmer und sagte dem Herrn, dass ich nie wieder predigen möchte, weil die Predigt eine öffentliche Demütigung war und ich offensichtlich nicht die Gabe der Lehre hatte.

Ein paar Wochen später wurde ich wieder eingeladen, in einer anderen Kapelle zu predigen. Ich hörte mich antworten: „Gern, sagen Sie mir bitte wann und wo. Und gibt es eine vorgegebene Bibelstelle?"

Als ich das Telefon auflegte, wurde mir klar, was ich getan hatte.

Ich hatte „Ja" gesagt, weil etwas – oder richtiger, *jemand* – in mir mich in Richtung Bibellehren bewegte. Ich *wollte* es tun.

Das ist das innere Zeugnis des Heiligen Geistes.

Jeremia hörte einmal die Botschaft: „Ist mein Wort nicht wie ein Feuer, spricht der HERR, und wie ein Hammer, der Felsen zerschmeißt?" (Jeremia 23,29)

Wenn Du das innere Zeugnis des Heiligen Geistes hast – wenn auch nur ansatzweise – wirst Du, mit seiner Hilfe, andere Gottes Wort lehren wollen.

Tu was (11)

Nimm Dir Zeit und bete durch diese fünf Eigenschaften eines Christen mit der Gabe der Lehre. Sie sind nicht unfehlbar, aber sie sind hilfreich.

Ein Christ mit der Gabe der Lehre

a. genießt die Vorbereitung;

b. glaubt, dass Gott mehr als alles andere die Bibel verwendet um Leben zu ändern;

> c. kennt die Gleichzeitigkeits-Erfahrung;
>
> d. bekommt positives, ehrliches Feedback;
>
> e. kennt das innere Zeugnis des Heiligen Geistes.
>
> Welche dieser Eigenschaften erkennst Du in Dir selbst?
>
> Möchtest Du Gott bitten, manche davon in Dir wachsen zu lassen?
>
> Wenn Du einen Mentor hast, sprich doch mit ihm über diese Dinge.

3. Wie kann ein Mentor Dir beim Wachsen helfen?

a. Bei der Vorbereitung

Wenn Du dieses Buch mit einem Freund durchgearbeitet hast, wirst Du schon erlebt haben, wie hilfreich Input von außen ist.

Ihr könntet entweder eine Predigt gemeinsam vorbereiten oder Du könntest bei den verschiedenen Schritten um Hilfe bitten.

b. Durch Feedback

Es gibt vier Fragen, die einem Mentor helfen, Feedback für eine Predigt oder einen Bibelvortrag zu geben. Die Antworten helfen Dir, die Bibel effektiver zu lehren.

> *War es treu?* (War es dem Inhalt der Bibelstelle treu?)
>
> *War es klar?* (Gab es eine sinnvolle Struktur und klare Überschriften?)
>
> *War es relevant?* (Hat die Einleitung die Brücke zwischen Text und Zuhörern gebaut? Waren die Anwendungen schwammige Verallgemeinerungen oder praktische Vorschläge?)
>
> *Hat es Gott groß gemacht?* oder *Hat es Jesus groß gemacht?* (Hat es uns dazu gebracht, Gott und/oder Jesus mehr zu bewundern?)[3]

---

[3] Die ersten drei Fragen stammen von Jonathan Lamb: *Preaching Matters,* S. 181-182, InterVarsity Press 2014.

Natürlich wird Dein Mentor auch auf andere Dinge eingehen. Zum Beispiel: Du hast uns nie angesehen. Wie Du in der Nase gebohrt hast. Dass Du alle zwei Minuten „OK?" gesagt hast. Oder wie Du keine Gemütsregung zeigst, wenn Du über die Liebe Gottes sprichst.

Aber die Hauptsache sind die Antworten auf die vier Fragen.

c. Durch einen Bibellehre-Club für Dich und andere

Ein Bibellehre-Club besteht aus drei bis sechs Personen, die entweder wissen, dass sie die Gabe der Lehre haben oder herausfinden wollen, ob sie diese Gabe haben. Sie vereinbaren zum Beispiel vier Treffen.

Die beschließen, durch den Philipperbrief zu predigen (eher nicht durch Hesekiel oder Offenbarung). Schwierigere Bücher sind für später.

Die Treffen dauern ungefähr 90 Minuten und Folgendes passiert:

> Jemand betet zu Beginn.
>
> Ein Mitglied der Gruppe hat einen 15-minütigen Bibelinput über Philipper 1,1-11 vorbereitet und hält ihn.
>
> Die anderen erwähnen etliche positive Dinge über den Vortrag und beantworten im Anschluss die vier Fragen:
> *War es treu?*
> *War es klar?*
> *War es relevant?*
> *Hat es Gott / Jesus groß gemacht?*
>
> Ein anderes Mitglied hat eine 15-Minuten-Predigt über Philipper 1,12-26 vorbereitet und hält sie.
>
> Die anderen erwähnen etliche positive Dinge über den Vortrag und beantworten im Anschluss die vier Fragen:
> *War es treu?*
> *War es klar?*
> *War es relevant?*
> *Hat es Gott / Jesus groß gemacht?*
>
> Dann beten alle für einander und für Bibellehre in ihrem Land.

Teil Drei: Ein Mentor

Ein Bibellehre-Club hat die folgenden Regeln:

> Wenn Du beim Klub dabei sein willst, kommst Du zu allen Treffen.
>
> Wenn Du beim Klub dabei sein willst, hältst Du mindestens einen Bibelvortrag. (Es gibt keinen Zuschauerstatus.)

Wenn Mentoren helfen, einen Bibellehre-Club zu starten, werden sie allen in der Gruppe helfen und die Gemeinde wird gesegnet, vor Ort und im weiteren Umfeld.

Tu was (12)

Denk über diese Fragen nach und schreib Deine Antworten auf:

Hast Du schon einen Mentor beim Bibellehren?

Fällt Dir eine Person ein?

Möchtest Du in einem Bibellehre-Club sein?

Wenn ja, was könntest Du tun, um einen zu gründen?

Bete einige Minuten über das, was Du niedergeschrieben hast.

Schluss
Wie hilft man Menschen, Gott zu begegnen?

Im Wort Gottes steckt Kraft.

Bei Bibellehre geht es nicht nur um Information. Es geht um eine Begegnung. Wenn Du je erlebt hast, wie Gott durch die Bibel zu Dir gesprochen hat, wirst Du Dich danach sehnen, dass andere das auch erleben.

Zum Schluss kommen jetzt einige Vorschläge zum Thema, was wir tun können, damit unser Lehren eher ein übernatürliches Ereignis wird.

1. Ermutige dazu, zwei Dinge auf einmal zu tun

Wenn ich die Bibel lehre, lade ich gern die Zuhörerinnen und Zuhörer ein, mitzulesen und zuzuhören, und *gleichzeitig* mit Gott zu reden.

Das ist, glaube ich, die fehlende Zutat im Predigtverständnis vieler Gläubiger.

Ich habe viele Bücher über das Predigen gelesen und viel von ihnen profitiert. Aber ich kann mich nicht erinnern, jemals von dieser Idee, zwei Dinge auf einmal zu tun, gelesen zu haben.

Wenn Du bei einer Predigt einfach mitliest und zuhörst, schaltest Du in den Ich-höre-eine-Vorlesung-Modus. Für manche Christen ist das eine fremdartige Vorstellung, für andere ist es einfach ungesund.

Natürlich ist der Zweck der Predigt, das Volk Gottes das Wort Gottes zu lehren. Aber wenn nur das geschieht, bin ich zutiefst enttäuscht.

Manchmal sagt ein Gottesdienstleiter etwas in der Art: „Nach dem nächsten Lied werden wir unsere Schriftlesung haben, und dann wird Andrew Page kommen und die Stelle erklären."

Ich will die Stelle ganz bestimmt erklären. Wenn ich das nicht mache, mache ich meine Arbeit als Bibellehrer nicht.

Aber ist das alles? Vermittelt meine Predigt lediglich Informationen?

Natürlich kann ich keine Begegnung mit Gott herstellen. Aber was ich tun kann, ist – mit der Hilfe des Heiligen Geistes – meine Rolle dabei zu spielen, dass eine Situation entsteht, in der es wahrscheinlicher wird, dass Menschen Gott begegnen.

Und ein Schlüssel dabei ist es, zum Gebet zu ermutigen, zum anhaltenden Gebet, während die Gemeinde das Wort Gottes hört.

Als Bibellehrer versuche ich auch, zwei Dinge auf einmal zu machen. Während ich Gottes Wort lehre, will ich gleichzeitig in der Lage sein, Gott zu bitten, zu den Herzen der Menschen zu sprechen.

Manchmal ist das leicht. Ich kann für Einzelne beten, für die Bedrückten, und ich bete dafür, dass der Geist ihnen ganz nahe kommt und in die Tiefen der Persönlichkeit der Zuhörerinnen und Zuhörer spricht.

So, dass sie wissen, dass sie Gott begegnen.

Und manchmal kann ich das überhaupt nicht. Ich habe dann das Gefühl, dass ich kämpfe, irgendwas rüberzubringen ohne dass mir der Faden reißt, Dinge lenken mich ab und ich genieße es nicht, die Bibel zu lehren.

Das bedeutet nicht, dass Gott nur in der ersten Situation am Wirken ist!

Aber, genauso wie ich die Gemeinde einlade, zwei Dinge auf einmal zu tun, will ich versuchen, auch zwei Dinge auf einmal zu tun.

2. Halte keine Vorlesung

Drei Dinge können eine Bibellehre leicht in das Halten und Hören einer Vorlesung verwandeln.

Vorlesungen haben natürlich ihren Platz. Dieser Platz heißt Hörsaal. Aber beim Predigen werden wir nicht zu Dozenten.

Hier sind die drei Dinge, bei denen Vorsicht angebracht ist. Entscheide selbst, was Du mit ihnen anfängst.

a. An einer Kanzel stehen

Vielleicht muss ich auf die Kanzel, damit die Leute mich leicht sehen können. Aber ich vermeide Kanzeln so gut wie möglich.

An der Kanzel oder dem Pult zu stehen bringt mich in eine Autoritätsstellung. In einer postmodernen Kultur wird das Vielen nicht helfen.

Es wird den Menschen nicht helfen, Gottes Reden zu hören.

Natürlich ist Autorität in der Kirche wichtig. Aber nicht die Autorität der Person, die lehrt, sondern die Autorität Gottes, der durch die Bibel spricht.

b. Unterlagen-Überbenutzung

Wir haben uns schon Gedanken über den Wert klarer Notizen gemacht, die dem Bibellehrer helfen, sich auf die Zuhörer, die Bibel und den Herrn zu konzentrieren (siehe Seiten 46-48).

Für manche, die predigen, ist es eine Riesenhilfe, ein voll ausformuliertes Skript mit allem, was sie sagen wollen, vor sich zu haben. Aber wenn sie dann alles Wort für Wort vorlesen, wird eine Vorlesung daraus.

In den letzten Jahren habe ich damit experimentiert, ohne Unterlagen zu predigen. Ich halte einfach meine Bibel in der Hand.

Ich habe nicht auswendig gelernt, was ich sagen will. Ich habe Unterlagen, an denen ich sehr hart gearbeitet habe, aber sie sind zu Hause.

Ich sage nicht, dass alle ohne Unterlagen predigen sollten. Und ich sage sicher nicht, dass es geistlicher ist, ohne Unterlagen zu predigen!

Aber ich sage, dass das zurzeit für mich wohl das richtige ist. Ich werde älter und der Tag mag kommen, an dem ein guter Freund sagt, dass Unterlagen mir jetzt doch helfen würden, klarer und knackiger zu predigen.

Zurzeit bin ich aber froh, die Bibel ohne Unterlagen zu lehren.

Viele von uns werden irgendwelche Unterlagen verwenden. Ich möchte Dich aber ermutigen, sie nicht übermäßig zu benutzen.

c. Zu viel „Präsentation"

Wenn Du das liest, bin ich über 60 Jahre und meine Meinungen sind vielleicht veraltet. Ich denke, dass ein Präsentationsprogramm (wie PowerPoint) ein toller Diener, aber ein schrecklicher Herr ist.

Wenn so ein Programm zu stark in Anspruch genommen wird, lenkt es die Gemeinde vom Wort Gottes ab. Und die Gefahr ist, dass es sie in den Ich-höre-eine-Vorlesung-Modus bringt.

Aber eine Präsentation kann eine große Hilfe sein, wenn sie beispielsweise nur dazu benutzt wird, die Überschriften-Struktur zu betonen.

Es bleibt Dir überlassen, wieviel zu viel ist und wieviel genau richtig ist.

3. Immer weiter üben

Das heißt, dass Du den Herrn um Gelegenheiten zum Bibellehren bittest.

Aber Du kannst auch üben, wenn Du die Bibel für Dich in Deiner Zeit mit Gott liest. Suche ein paar Minuten lang nach einer Überschriften-Struktur. Mach das zur Gewohnheit und Deine Fähigkeiten werden wachsen.

Paulus schreibt das an Timotheus – und wenn Gott Dir Deiner Meinung nach die Gabe der Lehre gegeben hat, stell Dir vor, er sagt es zu Dir:

> „Bemühe dich darum, dich vor Gott zu erweisen als einen rechtschaffenen und untadeligen Arbeiter, der das Wort der Wahrheit recht austeilt." 2. Timotheus 2,15

Wenn Du nicht sicher bist, ob Du die Gabe der Lehre empfangen hast, bitte den Heiligen Geist, es Dir zu zeigen, wenn Du umsetzt, was Du in diesem Buch gelernt hast.

Und wenn Du denkst, dass Gott Dir die Gabe gegeben hat, bitte den Heiligen Geist, sie zu bestätigen, indem er die Eigenschaften stärker werden lässt, von denen wir auf den Seiten 51-54 gelesen haben.

Aber übe immer weiter!

4. Sehne Dich nach einem übernatürlichem Ereignis

Ich habe dieses Buch *Wie lehre ich die Bibel, damit Menschen Gott begegnen?* genannt – und das ist ein erstaunliches Ziel.

Wir können eine Begegnung mit Gott nicht herstellen. Nur der Heilige Geist kann das.

Aber wenn er mehr als alles andere die Bibel verwendet, um Menschenleben zu verändern, dann haben wir beim Bibellehren ein verblüffendes Vorrecht. Während wir die Bibel lehren, entscheidet sich der Heilige Geist vielleicht, ein übernatürliches Ereignis daraus zu machen.

Bringt Dich das nicht zum Beten?

Tu was (13)

1. **Schau Dir noch einmal die Hauptüberschriften im Schlussteil an.**
   Schreib Dir alles auf, was Du für wichtig hältst und nimm Dir Zeit, mit Gott darüber zu reden.

2. **Geh noch einmal das ganze Buch in Gedanken durch und denke besonders an diese Dinge:**
   Ein Vorbild
   Eine Methode
   Den Abschnitt im Zusammenhang studieren
   Eine Überschriften-Struktur finden
   Fleisch und Blut hinzufügen
   Ein Mentor
   Schreib eine Liste von drei, vier oder fünf Dingen, die Du tun willst, nachdem Du dieses Buch durchgearbeitet hast.
   Bete über diese Dinge.

Das Markus-Experiment

Jesus kennen lernen mit dem Markus-Evangelium

Andrew Page

Die meisten Leute sind der Meinung, dass sie nur schlecht auswendig lernen können, aber Andrew Page hat die Entdeckung gemacht, dass man sich die Reihenfolge der Ereignisse im Markus-Evangelium sehr leicht merken kann. Dieses Buch will kein Kommentar sein, sondern zu einem Experiment einladen: Jesus neu kennen lernen, indem man sich die Jesus-Geschichte selbst erzählt.

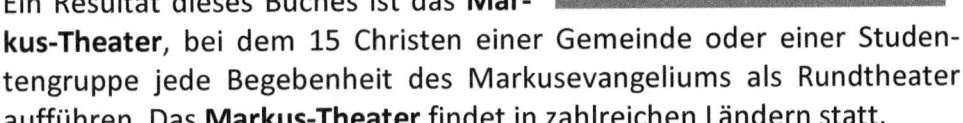

Damit bietet **Das Markus-Experiment** einen neuen und faszinierenden Zugang zur Bibel.

Ein Resultat dieses Buches ist das **Markus-Theater**, bei dem 15 Christen einer Gemeinde oder einer Studentengruppe jede Begebenheit des Markusevangeliums als Rundtheater aufführen. Das **Markus-Theater** findet in zahlreichen Ländern statt.

www.themarkdrama.com

ISBN 978-3-933372-88-8
102 S. • Pb. • 9,50 €
VTR, Gogolstr. 33, 90475 Nürnberg
info@vtr-online.com
http://www.vtr-online.com

Langham Österreich ist Teil einer weltweiten Bewegung, die ihren Ursprung im Dienst von John Stott hat. Sie wurde als Reaktion auf den Hunger der Gemeinden nach der biblischen und relevanten Verkündigung von Gottes Wort ins Leben gerufen.

Langham hat es sich zum Ziel gemacht, sowohl Pastoren als auch Laien nachhaltig zuzurüsten, damit sie beim Lehren der Bibel …

- die **Treue** zum biblischen Text wahren,
- die **Relevanz** der biblischen Botschaft aufzeigen und
- die Botschaft in **Klarheit** vermitteln.

Diese Zurüstung beginnt bei **Konferenzen**, die in drei aufeinanderfolgenden Jahren abgehalten werden und unterschiedliche Schwerpunkte haben (Grundlagen, Neues Testament, Altes Testament).

Weil wir nicht nur kurzzeitige Konferenzen brauchen, vernetzt Langham Menschen, die die Bibel lehren, in den einzelnen Regionen miteinander. Dies geschieht durch **lokale Gruppen ("Bibellehre-Clubs")**, in denen die Teilnehmenden nachhaltig durch das Lernen von- und miteinander profitieren und fortwährend gestärkt werden.

www.langham.at

jährliche Konferenz

lokale Gruppen und Predigerclubs

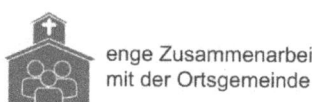

enge Zusammenarbeit mit der Ortsgemeinde

www.ingramcontent.com/pod-product-compliance
Lightning Source LLC
Chambersburg PA
CBHW061512040426
42450CB00008B/1587